Blockchain e Criptovalute

Apri le Porte a Questa Straordinaria Tecnologia!

Scopri cosa sono Blochchain, DeFi, Smart Contract e ICO. Impara a Gestire in Modo Semplice Bitcoin e altre Altcoin.

Accademia delle Crypto

INDICE

INTRODUZIONE

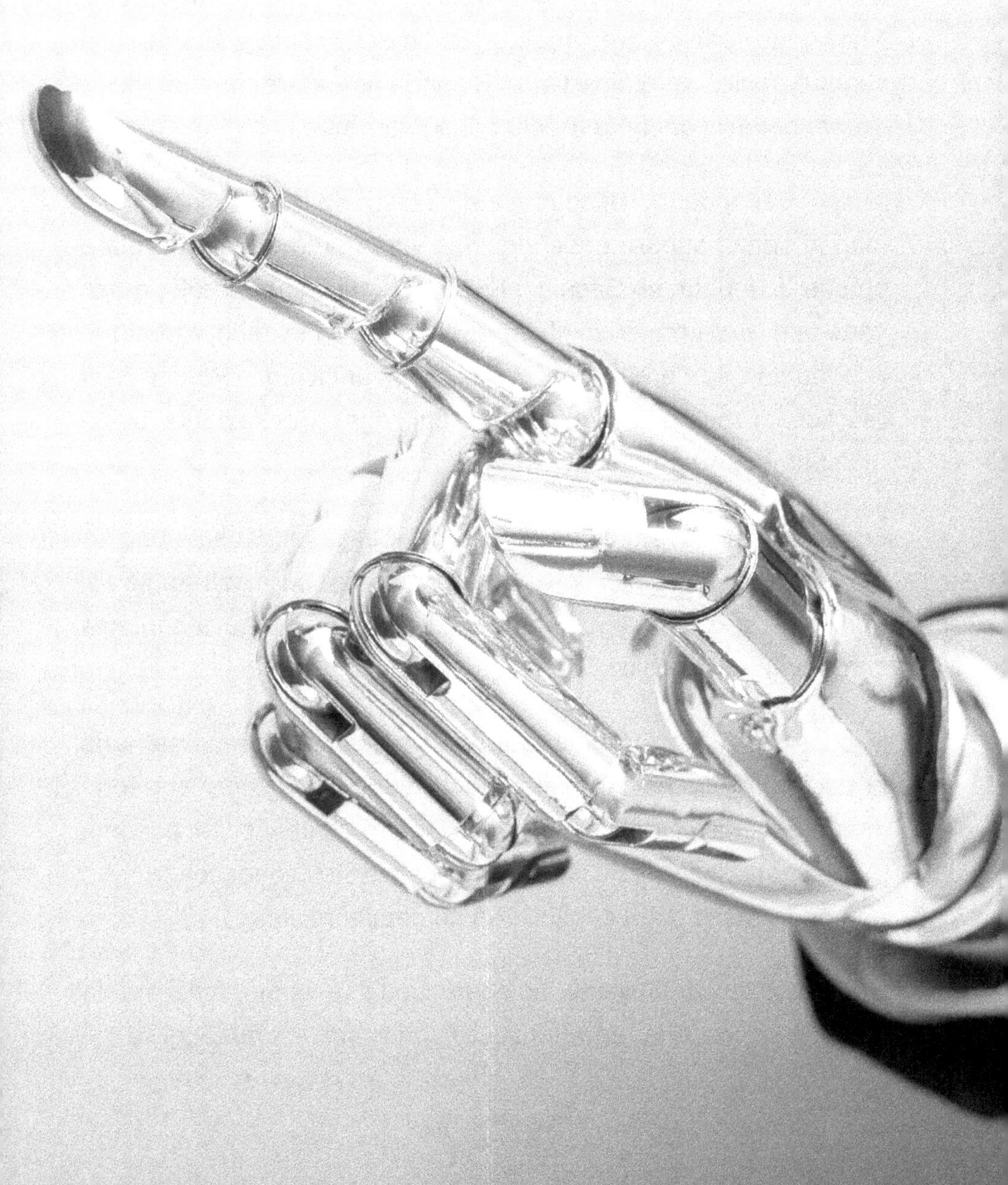

Sono tutte vere le notizie che senti in giro sulla Blockchain? Esiste veramente? E si possono realmente fare investimenti vantaggiosi con le Criptovalute...o sono tutte bufale?

Sicuramente avrai già sentito parlare da qualche anno di Criptovalute e Blockchain, e di quanto potresti guadagnare con tutto ciò...ma non hai mai approfondito questi argomenti. Attenzione però, fare degli investimenti vantaggiosi non è sempre facile né immediato. Bisogna imparare la materia e fissare obiettivi anche a medio e lungo termine.

Anche parlando di Bitcoin, sarai incappato nella Blockchain, magari senza sapere cosa significa veramente questa parola e perché è legata al Bitcoin stesso. Ormai sono parole molto gettonate nell'ambito digitale, tecnico e finanziario, perciò è importante comprenderne bene il significato. Pensa alla Blockchain come il "cuore" in cui ogni transazione viene registrata correttamente.

Lo scopo di questo libro è fare chiarezza su cosa sono le monete virtuali, sulle loro caratteristiche, sulle strategie di trading e su come funziona la Blockchain, questa tecnologia veramente così rivoluzionaria, come dicono tutti.

Ti consiglio di leggere il libro dall'inizio alla fine, senza saltarne le pagine... So che vorresti passare subito all'azione leggendo direttamente l'ultimo capitolo per leggere come si fa e come guadagnare con le Crypto, ma senza le conoscenze che apprenderai nei primi capitoli non ne capirai molto.

Nel primo capitolo viene spiegato cos'è e come funziona la Blockchain, le sue caratteristiche principali, i vantaggi e gli svantaggi della Blockchain, che tipi di reti Blockchain esistono e soprattutto in quali ambiti viene usata.

Nel secondo capitolo imparerai cosa sono le Criptovalute, denaro fisico, digitale e Criptovalute, qual è la differenza tra una Crypto e un Token e cos'è un ICO (studiali bene perché con questi potrai guadagnare!!!). Sono anche elencate le criptomonete principali, le più famose e quelle emergenti, che ti consiglio di tenere sott'occhio perché potrebbero procurarti grandi guadagni...e ti spiegherò in che modo. Ti accenno solo che le Criptovalute emergenti, non essendo famose, hanno un valore piuttosto basso. Quindi, essendo più accessibili, puoi acquistarne molte ed attendere che il loro valore aumenti, per poi rivenderle.

Il terzo capitolo è dedicato alla Crypto regina: il Bitcoin. Troverai l'ABC di questa moneta, come funziona, le sue caratteristiche e i principali vantaggi. Definiremo il concetto di offerta circolante ed offerta totale e faremo una breve carrellata su cosa sono il mining, l'halving.

Infine l'ultimo capitolo, il più operativo. Con le conoscenze acquisite nelle pagine precedenti, puoi acquistare, archiviare e gestire le tue criptomonete. Qui impari cos'è un Wallet (il tuo portafoglio virtuale), dove puoi acquistare e scambiare Crypto (tramite Exchange) e chi ti può consigliare sulle operazioni da fare (broker e trader). Scoprirai quanto è facile leggere il grafico del valore di una Crypto e come guadagnare dal suo aumento di volume o dalla sua diminuzione. Ebbene sì, si può guadagnare anche quando scende il valore di una criptomoneta!

La cassetta degli attrezzi:
Cosa ti serve per partire?

un cellulare con un buon antivirus

un computer con un buon antivirus

una connessione internet privata

una carta di credito

un Wallet (ti spiegherò cos'è, a cosa serve e dove si acquista)

Gli argomenti trattati sono molti, alcuni teorici ed altri più pratici, ma tutti indispensabili per imparare tutto quanto ti serve su Blockchain, Criptovalute e Bitcoin.

Allora cosa aspetti, lanciati nella lettura di questo libro ed entra in questo mondo all'avanguardia.

1

LA BLOCKCHAIN

Una Blockchain può essere vista come una piattaforma (privata o pubblica) che permette di effettuare transazioni, e quindi scambi di qualsivoglia natura, tra individui qualsiasi senza la necessità di un organo di controllo. In estrema sintesi questa è la definizione di BLOCKCHAIN…

La Blockchain è una delle tecnologie maggiormente all'avanguardia nel campo dei database; letteralmente significa catena di blocchi ed è un tipo speciale di database che dettaglieremo un po' più avanti.

Nacque tra il 2008 e il 2009 quando il misterioso inventore del Bitcoin, Satoshi Nakamoto riuscì a risolvere, con un'unica idea geniale che rivoluzionò l'economia digitale, l'annoso problema del Double Spending nell'ambito delle transazioni digitali. Double Spending, ovvero la possibilità di duplicare una moneta elettronica come se fosse un qualunque file. Questo limite, di fatto, all'epoca rendeva impossibile creare una valuta che non fosse gestita da un organo di controllo centrale. Con quell'intuizione riuscì a creare un sistema indipendente dalle piattaforme centralizzate e in grado di blindare le transazioni digitali. La Blockchain.

Piccola curiosità: non si sa di preciso chi sia Satoshi Nakamoto, si pensa che sia un semplice pseudonimo dietro al quale si nascondano una o più persone. Internet è pieno di teorie su chi sia, addirittura nel 2017 venne pubblicata la notizia che dietro tutto questo si celava Elon Musk, notizia che lui stesso smentì successivamente. Se sei un'amante dei gialli cerca in internet "chi è Satoshi Nakamoto", sono sicuro che ti divertirai a leggere questa appassionante storia.

Beh, al di là di chi sia o di chi siano, torniamo a noi...

All'inizio la Blockchain si identificava con il Bitcoin stesso, perciò veniva associata ai termini moneta digitale e transazione. Ma ora dopo più di un decennio viene utilizzata in ogni tipo di mercato, sia nell'ambito delle Criptovalute, sia come piattaforma di gestione e scambio di dati ed informazioni e al suo interno è possibile archiviare ogni dato personale ed aziendale (foto, video, estratti conto, contratti, ecc.), che poi sarà accessibile con ogni sistema informatico.

1.1 COME FUNZIONA LA BLOCKCHAIN

Le regole del mondo della Blockchain fanno sì che una volta che un'informazione è stata scritta ed archiviata, è assolutamente impossibile modificarla o eliminarla. Spieghiamo subito il perché.

Mentre nei database tradizionali i dati vengono archiviati in righe e colonne all'interno di tabelle, in una Blockchain i dati vengono via via inseriti in unità di dati chiamate blocchi. Ogni blocco viene costruito e concatenato sopra al blocco precedente tramite un'informazione univoca comune che lo collega ad esso, ed ogni blocco come è facile immaginare è a sua volta collegato al successivo.

In realtà, ogni blocco contiene un'importa digitale del precedente. Questa impronta è calcolata tramite complesse funzioni di hash che permettono di generare stringhe di dati della stessa lunghezza ma dal contenuto univoco partendo da dati in input di qualsiasi dimensione. Ogni nuovo blocco, conterrà quindi come prima cosa la stringa univoca generata attraverso l'hashing del contenuto del blocco precedente.

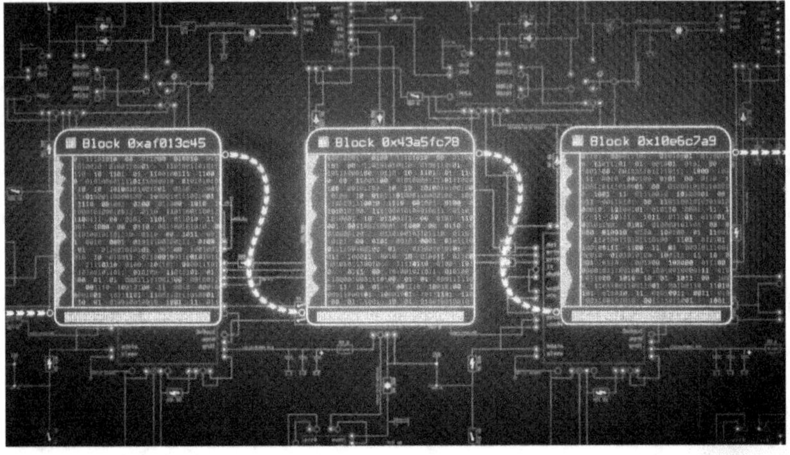

E' facile quindi immaginare che se dovessimo modificare i dati, ad esempio di un blocco centrale, questa operazione invaliderebbe la sua firma digitale che aveva precedentemente condiviso con il suo blocco successivo interrompendo di fatto "la catena di blocchi".

Ciò che hai appena letto di fatto è il funzionamento estremamente sintetico della struttura base di una Blockchain. Quindi tanti blocchi concatenati tra loro ed indissolubilmente legati gli uni altri dalle loro firme digitali.

Tuttavia a complicare le cose introduciamo questi due concetti: decentralizzazione e registro distribuito.

1.2 BLOCKCHAIN E DECENTRALIZZAZIONE

Quando si utilizzano semplici fogli elettronici si possono

archiviare limitati volumi di dati, per un numero limitato di persone. Un database invece può contenere un volume maggiore di dati, che possono essere consultati da moltissime persone. I grandi database invece spesso sono salvati su grandi server anche in più copie, per eliminare il rischio di perdite di dati.

Oltre a queste limitazioni, fogli di calcolo e database hanno un problema in comune: sono gestiti da una persona o un piccolo gruppo di persone, che potrebbero manomettere il funzionamento o cancellare dati compromettenti.

Un documento contenuto in un database può essere modificato, corretto e aggiornato dall'unico proprietario del database e a onor del vero potrebbe anche accadere anche in un unico computer dove risiede una "Blockchain" se il proprietario di questa catena si mettesse molto pazientemente a modificare il blocco interessato. Naturalmente dopo aver invalidato la firma digitale del blocco stesso dovrebbe ricreare l'intera tutta la concatenazione dei blocchi successivi.

Il vero potenziale della Blockchain è la sua decentralizzazione, ma prima di parlare di questo concetto introduciamo il significato di network peer-to-peer, nodi ed evoluzione degli archivi digitali oppure il rischio è quello di non riuscire a capire ulteriori concetti.

1.2.1 NETWORK PEER-TO-PEER E NODI

Nell'informatica, un network peer-to-peer (P2P) consiste in un gruppo di dispositivi che condividono e archiviano file collettivamente. Ciascun partecipante, detto anche nodo, agisce come un peer individuale, quindi sia come un punto di ridistribuzione o come un communication endpoint. In altre parole un nodo di rete è un punto in cui un messaggio può essere creato, ricevuto o trasmesso.

In questo tipo di reti P2P, tutti i dispositivi connessi (nodi) condividono le informazioni (i file) archiviati nei loro hard disk, usando applicazioni opportunamente progettate per la mediazione della condivisione di dati.

Ciascun nodo può:
- consultare altri dispositivi (nodi) nel network per trovare e scaricare file;
- può comportarsi da fonte per quel file, una volta che lo ha scaricato dalla rete.

In genere, tutti i nodi hanno pari poteri ed eseguono le stesse attività. Grazie a questa rete è possibile effettuare operazioni senza necessità di organi di controllo o intermediari.

Alla fine degli anni '90, questa architettura è diventata estremamente popolare, grazie ai primi programmi per la condivisione di file. Mai sentito parlare di Napster? Napster fu il primo sistema di peer-to-peer di massa e divenne disponibile nella primavera del 1999 con un successo planetario.

Il programma sfruttava la tecnologia peer-to-peer e si basava su dei server centrali che gestivano la connessione dei sistemi e dei file condivisi, mentre le transazioni e le condivisioni dei file avevano luogo tra i vari utenti. Quindi si scaricava il programma, ci si connetteva ad internet e si poteva scaricare e mettere a disposizione di altri utenti una lista infinita di file tra cui film, musica, giochi, ecc....

La storia però finì tragicamente perché il mondo non era ancora pronto a questa tecnologia e nella prima metà del 2000 i Metallica fecero causa a Napster, contestando le accuse di violazione di copyright. Oggi, dopo oltre 20 anni questi sistemi fanno parte della nostra vita, li possiamo trovare nei motori di ricerca web, nelle piattaforme di streaming e sono la base su cui poggiamo gran parte delle Criptovalute.

Nella rete P2P di una Blockchain, ogni computer/nodo, conserva in locale una copia attualizzata dell'intero database ed ogni volta che un blocco viene aggiunto alla catena, viene comunicato a tutti i nodi che lo aggiungono alla copia memorizzata.

1.2.2 L'EVOLUZIONE DEGLI ARCHIVI DIGITALI

Questa figura spiega bene l'evoluzione degli archivi:
- _Centralised_ → all'inizio gli archivi tradizionali erano Centralizzati, cioè scritti su unico grande schedario cartaceo, tenuto in un unico ufficio
- _Decentralised_ → poi con l'evoluzione al digitale, le informazioni hanno cominciato ad essere salvate su server di uffici diversi, ma comunque sempre sotto il controllo di un'autorità centrale
- _Distributed_ → infine oggi grazie alla Blockchain i

database sono distribuiti, ma una rete di dispositivi interconnessi condividono le informazioni, senza nessun server centrale e senza dover sottostare al controllo di un'autorità centrale.

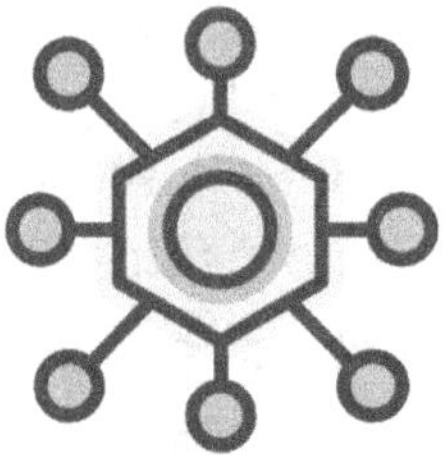

Rete Centralizzata   Rete Distribuita

Inoltre, grazie alla semplicità e velocità di registrazione dei dati, sempre più aziende in futuro utilizzeranno la Blockchain. Attualmente viene utilizzata nel settore assicurativo, bancario e sanitario, ma anche nelle comuni aziende, ad esempio per tracciare la provenienza delle materie prime o escludere la presenza di componenti difettosi.

Proprio IBM ha sviluppato una sua Blockchain Food Trust, per tracciare il percorso di tutte le merci. Quindi nel caso di contaminazione di un particolare numero di lotto di un determinato prodotto, si potrà rintracciare velocemente dove è stato venduto e chi potrebbe averlo consumato. Con i metodi tradizionali ci sarebbero voluti giorni per rintracciare tutti i consumatori e ritirare tutti quei prodotti contaminati. E questo è solo un semplice esempio di utilizzo della Blockchain in una normale azienda.

Decentralizzazione, ovvero quando tutti gli utenti sono pari, si collegano tutti dal proprio nodo (cioè dal proprio dispositivo connesso a Internet che conserva copia della Blockchain e ne condivide le informazioni) al proprio network peer-to-peer, avendo così accesso allo stesso libro mastro, per calcolare ed aggiornare il registro allo stesso modo e con le medesime informazioni.

E' proprio sfruttando questo contesto decentralizzato e distribuito che la Blockchain, agendo come registro distribuito non controllato da nessuno, prende vita e non può essere contraffatta.

Se uno dei computer della rete Blockchain commettesse un errore di calcolo, anche volontario, questo errore verrebbe scritto solo in una copia del libro mastro e qualsiasi tentativo di modificare la base dati sarebbe immediatamente evidente. Per danneggiare l'intera Blockchain, l'errore dovrebbe presentarsi in almeno il 51% dei nodi...cosa veramente impossibile.

1.3 COME FUNZIONANO LE TRANSAZIONI

Proviamo ora a spiegare il concetto di transazione e per farlo utilizziamo alcune immagini di blocchi e catena.

In ogni singola transazione c'è un Mittente che spedisce una moneta, un bene o un'informazione, la transazione (che contiene le informazioni specifiche di ciò che deve essere spedito) e il Destinatario che riceve l'informazione.

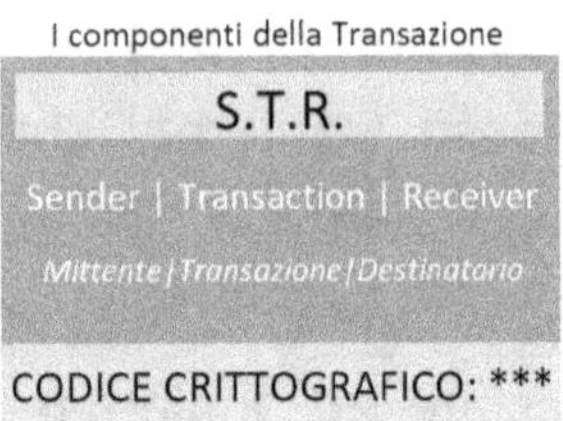

Il tutto accompagnato da un codice crittografico per dimostrare la legittimità dell'operazione. Il destinatario infatti deve consegnare al mittente una sua chiave pubblica (ne parleremo meglio quando affronteremo i Crypto Wallet), una sorta di IBAN di destinazione, composto da un numero casuale molto lungo virtualmente impossibile da decifrare. In questo modo il mittente saprà a chi inviare l'informazione e può iniziare ad impostare la transazione. Ma per dimostrare al network che il mittente è il proprietario dell'informazione che sta spedendo, che siano soldi o dati, deve generare anch'egli un codice univoco che attesti la proprietà di quello specifico dato. In poche parole il mittente deve dimostrare alla rete di essere il proprietario dell'informazione, riferendosi ad alla transazione passata con cui ne è venuto in possesso. In questo modo chiunque può esaminare la transazione firmata dal mittente ed affermare con certezza che ha il diritto di inviare la transazione al destinatario.

Un blocco invece è un insieme di transazioni, ognuna con il suo mittente, la sua transazione ed il suo destinatario ed il suo codice crittografico.

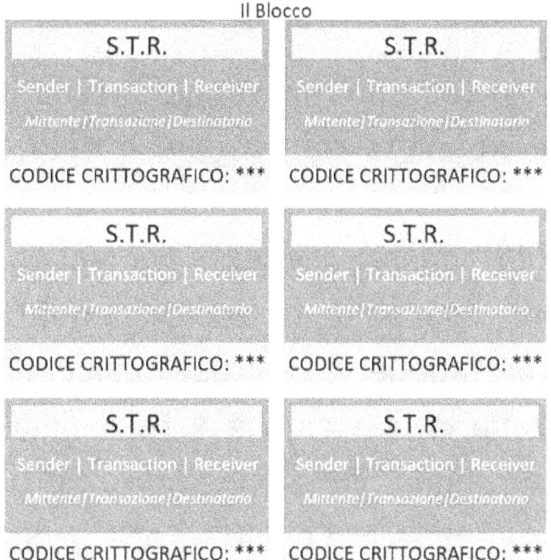

La Catena di blocchi è rappresentata come l'unione indissolubile e certificata da tutti di più blocchi.

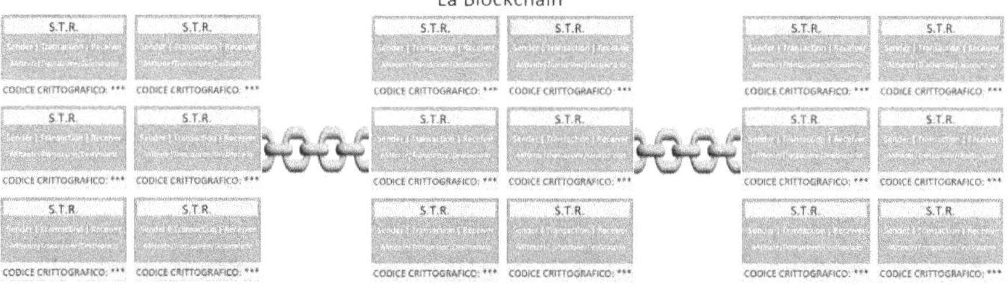

Facciamo ora un esempio di trasferimento denaro da una persona A ad una B. Ipotizzando che i conti correnti di A e B risiedano nella stessa banca, quando A vuole inviare del denaro a B tramite un bonifico bancario, prima di confermare l'operazione, la banca controlla che A abbia soldi sufficienti nel conto corrente e se l'esito è positivo trasferisce i soldi dal conto di A al conto di B. Lo stesso concetto si applica all'interno della Blockchain con la differenza che il controllore viene sostituito dai molteplici nodi collegati alla rete.

Quindi viene trasmesso un messaggio a tutto il network con le informazioni riguardanti la transazione e solo dopo che i nodi avranno compiuto alcune operazioni di certificazione ed impacchettamento, l'operazione verrà aggiunta alla Blockchain. A questo punto tutti i nodi potranno vedere la nuova transazione ed aggiorneranno la propria copia della Blockchain in maniera indelebile. Ora tutta la rete sa che A ha inviato dei soldi a B, e che ne era diventato il proprietario da una precedente transazione e non è possibile ripetere l'operazione.

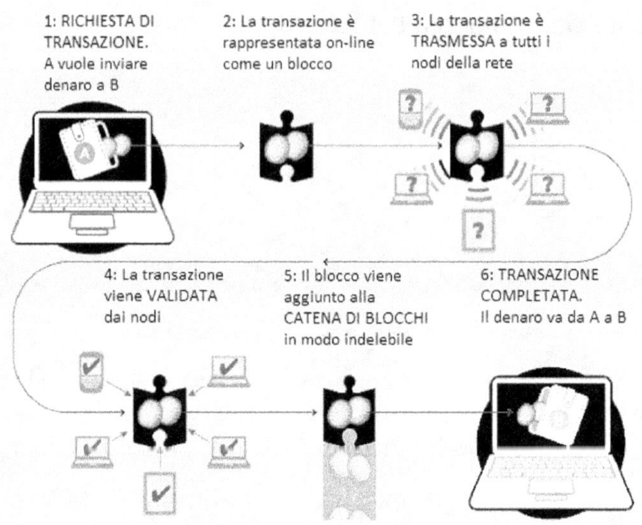

1.4 CARATTERISTICHE DELLA BLOCKCHAIN

Ora dopo aver aggiunto i primi fondamentali e importanti concetti, a rischio di ripetermi ti elenco per maggior chiarezza quali sono le principali caratteristiche di una Blockchain.

Possiamo dire che siamo in presenza di una rete Blockchain, quando una rete soddisfa questi 6 requisiti chiave:

a- Immutabilità del Registro. Ciò che viene scritto in una Blockchain resta indelebile per sempre e non vi è modo di cancellarlo. Quando le informazioni sono contenute in una unità di dati chiamata blocchi anziché essere salvate in ordine causale ed ogni blocco del sistema è collegato al precedente così da avere una struttura a catena di blocchi indissolubile tramite il concetto di concatenazione che abbiamo già introdotto nei paragrafi precedenti.

b- Network di Peer. Ogni partecipante o nodo del network possiede una copia dell'interna Blockchain ed interagisce con gli altri nodi in modo peer-to-peer. Facendo un esempio concreto, pensa di condividere una cartella di Google drive con i tuoi colleghi di lavoro. Tutti potete consultare le informazioni contenute all'interno ed aggiungere altri dati, che sarebbero subito visualizzabili da tutti. Ma se uno di voi tentasse di cancellare o falsificare un dato, tutti ve ne accorgereste avendo accesso alle stesse informazioni.

c- Meccanismo di Consenso. Quando per garantire l'integrità dei dati nella catena vengono stabiliti delle regole affinché i nodi possano concordare sulla correttezza delle transazioni. Ad esempio, la definizione dei requisiti che deve avere una transazione per essere validata. In questo modo chiunque non rispetta le regole, in buona fede e non, verrà immediatamente riconosciuto dagli altri nodi.

d- Transazioni a firma digitale. In questo modo sarà impossibile falsificare le transazioni. Ogni transazione è registrata su blocchi e crittografata in modo che solamente il suo destinatario riesca a decriptarla; Questo è il motivo per cui la Blockchain non ha bisogno di altri sistemi di sicurezza per difendere i propri dati in quanto vengono resi indecifrabili da tutti coloro che non sono autorizzati a leggerli. Per fare ciò si utilizza la crittografia asimmetrica che utilizza una coppia di chiavi: la chiave pubblica e la chiave privata. Ne parleremo meglio quando affronteremo i Crypto Wallet.

e- Programmabilità. Uno degli aspetti più interessanti della Blockchain è proprio la sua programmabilità. Difatti per programmare e/o velocizzare le transazioni si utilizzano gli Smart Contract, cioè un set di regole memorizzato sulla Blockchain ed eseguito automaticamente, che può comprendere ad esempio le condizioni di un contratto, il tipo di assicurazione di un bene o servizio, ecc.

f- Trasparenza. Tutte le transazioni all'interno della Blockchain sono visibili a chiunque partecipi alla Blockchain. Tramite un Block Explorer potrai vedere la relativa transazione associata ad essa. Se lo volessimo potremmo andare a dare un'occhiata alla prima transazione mai avvenuta nel lontano 2008.

1.5 COS'È UN FORK

Con il termine "fork" (biforcazione) si intende un aggiornamento del software concordato collettivamente dal network per migliorare la gestione di una Blockchain. E si perché al contrario di come avviene con l'aggiornamento di software in locale dove puoi aggiungere funzionalità a tuo piacimento senza chiedere il permesso a nessuno, in un ambiente distribuito come la Blockchain è necessario che ogni modifica sia approvata/accettata da tutti i nodi altrimenti ti troveresti isolato dal network perché gli altri nodi si rifiuteranno di interagire con te per preservare l'integrità della rete. Se ad esempio decidessimo unilateralmente di modificare la grandezza dei singoli nodi da 1MB a 4 MB, i nodi a cui siamo connessi non lo includerebbero nella loro copia Blockchain per le "loro" regole sono ferme al "non accettare blocchi più grandi di 1 MB.

Purtroppo sviluppatori e miners non si trovano sempre d'accordo sulle modifiche e sui miglioramenti che deve intraprendere la Blockchain, spesso alla base di queste divergenze ci sono ragioni politiche che riguardano intenzioni, etica ed obiettivi per l'intera rete. Quando ciò accade, le strade delle due fazioni si dividono, la catena si divide e nascono due comunità differenti.

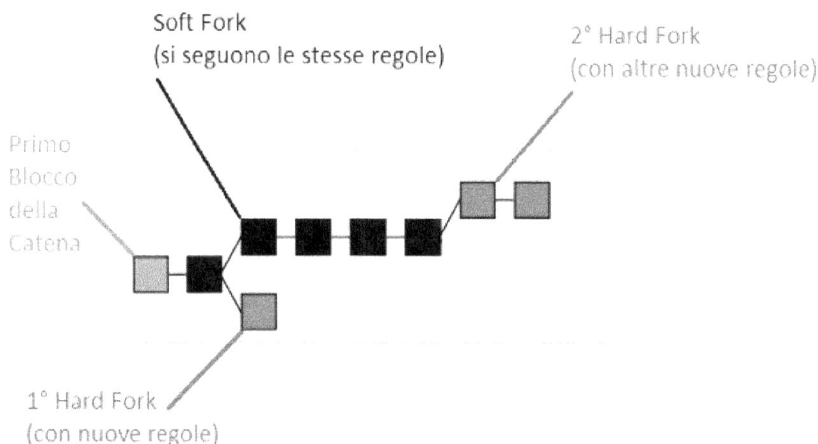

Un fork può essere definito Soft o Hard.

- Soft fork → quando la comunità decide di aggiornare all'unanimità il software. Viene aggiornato il protocollo, che resta compatibile con le versioni precedenti, per questo si dice soft. In questo modo anche i nodi che decidono di non aggiornarsi, potranno partecipare a quella nuova Blockchain.

- Hard fork → quando il cambiamento è irreversibile, viene aggiornato il protocollo, e la nuova versione non è più compatibile con le versioni precedenti del software. Perciò i nodi che vorranno partecipare a questa Blockchain dovranno obbligatoriamente aggiornarsi o saranno esclusi dal nuovo ramo della Blockchain creato.

Poiché generalmente il codice che sta alla base delle Blockchain è open source, chiunque può creare un fork, ma naturalmente non è un'impresa facile perché l'unico modo di implementare modifiche è far sì che la maggioranza dei nodi le accetti. A volte possono volerci mesi di discussioni nei vari forum dedicati prima che si verifichi un cambiamento.

1.6 VANTAGGI E SVANTAGGI DELLA BLOCKCHAIN

Sono molti i vantaggi che presenta un network distribuito rispetto al modello Client-Server tradizionale, e chiaramente sono presenti anche degli svantaggi.

Sicurezza: la Blockchain è un ambiente altamente automatizzato per cui è presente un livello di accuratezza molto alto nelle operazioni di scrittura del database. In più ogni blocco della catena possiede un stringa creata da un hash (algoritmo matematico) che si lega al blocco precedente e mette al sicuro la sequenza da possibili manipolazioni.

Decentramento: probabilmente questa è la qualità più importante. La Blockchain si appoggia si appoggia come abbiamo visto su un network peer-to-peer, non su un server centrale. Ogni computer del network aggiorna la propria Blockchain, come una copia, così in caso di attacchi di hacker verrebbe compromessa quella copia e non l'intera rete. Questo mantiene le reti significativamente più sicure. La Blockchain che sta alla base del Bitcoin ha oltre di 10.000 nodi visibili nel mondo, rendendo di fatto impossibile compromettere l'intero network anche per un malintenzionato con molte risorse.

Maggiore fiducia: tramite la Blockchain si ricevono solo dati accurati e tempestivi ed ogni record confidenziale sarà condiviso solo con i membri della rete a cui si ha specificamente concesso l'accesso.

Velocizzazione del commercio internazionale: tra acquirenti e venditori, per la condivisione delle informazioni, questa tecnologia può fungere tranquillamente da intermediario affidabile. Transazioni di pochi minuti anziché di giorni aumentano notevolmente l'efficienza e trasparenza. Nel commercio internazionale, questo può risultare particolarmente vantaggioso a discapito dei vecchi e lenti metodi tradizionali.

Eliminazione degli intermediari e riduzione dei costi: uno dei primi intenti della Blockchain è proprio questo beneficio, presente addirittura nella Whitepaper di Bitcoin, e cioè avere ogni transazione libera da intermediari o banche centrali, governi, ecc. Questo si traduce in un risparmio in commissioni dato che non ci sono terze parti da pagare.

1.6.2 SVANTAGGI DELLA BLOCKCHAIN

Purtroppo le Blockchain prestano il fianco ad alcuni potenziali rischi, in alcuni casi proprio per offrire i benefici descritti al paragrafo precedente.

Sostenibilità della tecnologia: il costo della tecnologia Blockchain è molto alto e minare una Criptovaluta richiede molte risorse. Per mantenere l'integrità di tutti i nodi connessi, la Blockchain può condurre solamente un piccolo numero di transazioni al secondo con rischio di "sovraccarico". Inoltre può avere un impatto negativo dell'ambiente in quanto alimentato dagli effetti dei miners, che usano quantità elevate di energia per generare nuovi blocchi.

Inefficienza della velocità: Questo in realtà vale per tutti i network distribuiti. Dovendo mantenere allineati tutti nodi, gli sviluppatori tendono a limitare la velocità di aggiornamento della Blockchain proprio per garantirne la sincronizzazione. Di conseguenza, quando il traffico delle transazioni è alto possono manifestarsi dei lunghi tempi di attesa. Più o meno di vogliono 7 minuti per aggiungere un nuovo blocco alla catena del Bitcoin.

Blocchi a Quantità limitate: I blocchi possono contenere una quantità limitata di dati, e non vengono aggiunti istantaneamente alla catena. Se ci sono più transazioni di quante ne possono stare in un blocco, le rimanenti devono aspettare il blocco successivo.

Difficoltà di aggiornamento: Un altro possibile svantaggio dei sistemi Blockchain decentralizzati è che non possono essere aggiornati facilmente (vedi hard fork e soft fork).

1.7   TIPI DI RETI BLOCKCHAIN

Le reti di Blockchain possono essere Pubbliche, Private, e Consorzi. Esaminiamole tutte e tre.

1.7.1   PUBBLICA

Una rete pubblica è una rete in cui chiunque può vedere le transazioni in esso contenute. Chiunque dotato di una connessione a internet ed il software necessario può accedere e partecipare (ad esempio Bitcoin), perciò non vi è nessuna privacy a tutela delle transazioni e scarsa sicurezza. Questo tipo di ambiente viene detto anche *permissionless* proprio per l'assenza di altri requisiti per la partecipazione. Nessun "moderatore" impedisce la partecipazione e chiunque può interagire (facendo mining o stalking) con il "meccanismo di consenso".

1.7.2   PRIVATA

Una rete privata, invece al contrario di quella pubblica, è una rete peer-to-peer decentralizzata, dove una singola organizzazione governa la rete, controllando chi è autorizzato a partecipare ed interagire con la Blockchain. Questi tipi di Blockchain sono dette *permissioned*, sono centralizzate in quanto è presente un organo di controllo, ma sono distribuiti poiché molti nodi preservano una copia della Blockchain in locale. Le Blockchain private *permissioned* trovato importanti applicazioni specialmente in alcuni contesti aziendali dove è importante incentivare in modo significativo la fiducia e la sicurezza tra i partecipanti.

1.7.3   CREATA DA UN CONSORZIO

I Consorzi Blockchain sono reti a metà tra quelle pubbliche e quelle private e combinano i propri elementi da entrambe. Si tratta di un sistema chiuso in cui, non una singola entità, ma bensì un gruppo di organizzazioni con uguale potenza operano da validatori, condividendo la responsabilità della gestione di una Blockchain. In essa le organizzazioni pre-selezionate stabiliranno chi può inoltrare transazioni o accedere ai dati e tutti i partecipanti devono essere autorizzati e avere una responsabilità condivisa per la Blockchain. Un consorzio Blockchain è l'applicazione ideale in un contesto in cui diverse aziende delle stesso settore decidono di condividere informazioni con altri operatori del settore.

Ecco sintetizzate le differenze principali di reti Blockchain:

	Tipo di blockchain		
	Pubblica	Privata	Consorzio
Permissionless?	Sì	No	No
Chi può leggere?	Chiunque	Solo gli utenti invitati	Dipende
Chi può scrivere?	Chiunque	Partecipanti approvati	Partecipanti approvati
Proprietà	Nessuno	Singola entità	Più entità
Partecipanti conosciuti?	No	Sì	Sì
Velocità di transazione	Lenta	Veloce	Veloce

Qual è la più conveniente? Per rispondere a questa domanda è necessario prima capire cosa si vuole fare. Esistono infatti una miriade di opzioni e complessità sulle reti Blockchain che non è facile dare una risposta che valga per tutti. A seconda del contesto e dell'obiettivo da raggiungere, gli operatori dovranno scegliere quella più adatta alle proprie esigenze. Tieni comunque presente questi 3 caratteristiche peculiari:

- Le catene pubbliche ben progettate tendono a eccellere in termini di resistenza alla censura, al costo di velocità e prestazioni. Queste sono le migliori per quanto riguarda garanzie di sicurezza sui regolamenti delle transazioni (o per gli Smart Contract).

- Una catena privata può dare la priorità alla velocità del sistema in quanto non deve preoccuparsi di punti di errore centrali nella misura in cui devono farlo le Blockchain pubbliche. Queste vengono impiegate idealmente in situazioni in cui un individuo o un'organizzazione deve rimanere in controllo, e le informazioni devono essere mantenute private.

- Le catene consorzio mitigano alcuni dei rischi di controparte delle catene private (rimuovendo il controllo centralizzato), e un conteggio di nodi più basso consente loro, in genere, di avere prestazioni molto più efficaci rispetto alle catene pubbliche. E' probabile che i consorzi siano utilizzati da organizzazioni che vogliono semplificare la comunicazione l'una con l'altra.

1.8   USI E UTILIZZI DELLA BLOCKCHAIN

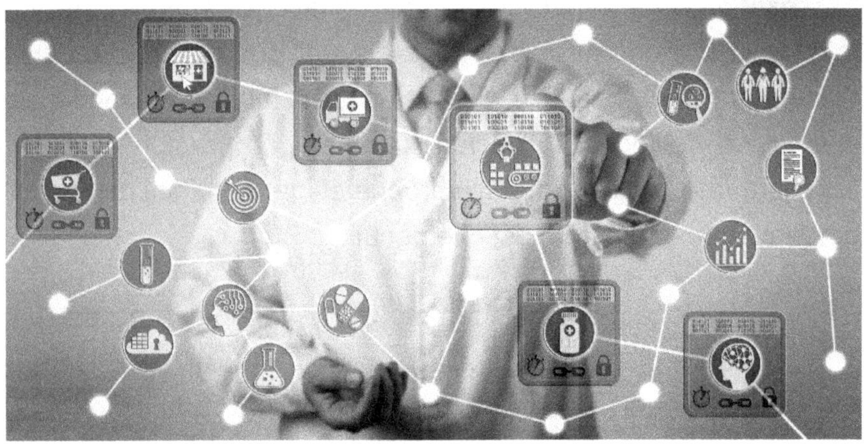

Rispetto ai database tradizionali è indubbio ormai che la Blockchain offre una maggiore efficienza, proprio grazie alle caratteristiche principali che la contraddistinguono (decentralizzazione e visibilità a tutti i partecipanti). Questa tecnologia migliora elimina la necessità di fiducia e crea un ambiente in cui gli operatori possono effettuare transazioni peer-to-peer senza confini.

Da questa prospettiva nascono opportunità per trasformare ogni aspetto della nostra vita e vari settori e organizzazioni hanno la possibilità di migliorare le prestazioni e la sicurezza (ad es., catena di fornitura, beneficenza, sanità, ecc.). Gli ambiti di applicazione della Blockchain sono tantissimi: dai trasferimenti in denaro eseguiti con l'aiuto di Criptovalute, alla verifica delle informazioni relative al possesso di un oggetto.

Vediamone insieme alcuni...

1.8.1   VIOLAZIONE DELLA PRIVACY

Grazie alla Blockchain le identità non possono essere rubate o alterate poiché nel registro Blockchain esiste una sola identità per ogni persona. La stessa cosa accade per gli oggetti: ad esempio una persona non può dire di aver scattato una determinata foto se migliaia di fonti dicono che l'autore è un altro.

1.8.2   ARCHIVIAZIONE IN CLOUD

La Blockchain è utile a chi abbia bisogno di immagazzinare grandi quantità di dati a un prezzo relativamente economico. Si prendono tutte le informazioni, si criptano, si memorizzano in piccoli pezzi su tutti i computer della rete, in modo sicuro. Non essendoci intermediari, bisognerà pagare soltanto il servizio.

1.8.3   PRODUZIONE E DISTRIBUZIONE DI MERCI

Ci si sta dirigendo sempre più verso aziende efficienti e trasparenti e, proprio per trasmettere questo concetto di trasparenza ai produttori ed ai consumatori finali, molti network logistici si stanno avvicinando alla Blockchain. Il produttore attraverso la Blockchain può avere informazioni puntuali sulla difettosità e la bontà dei pezzi da vendere ed il consumatore finale, di contro, può conoscere la provenienza di tutte le parti che compongono un prodotto finale. Se ci pensi bene, l'attuale sistema è ancora fondato sulla fiducia e siamo ben distanti dal riuscire a garantire un'adeguata integrazione tra tutte le arti coinvolte. Una Blockchain, un database distribuito è sicuramente la soluzione ideale per protocollare in modo sicuro qualsiasi informazione e garantire trasparenza di pagamenti e autenticità dei prodotti.

1.8.4 FINANZA & ASSICURAZIONI

Per restare al passo con Bitcoin & company, il settore di Finanza & Assicurazioni sta sviluppando nuovi applicativi e nuovi progetti basati su Blockchain. La Blockchain permetterà quindi di ridurre i costi, accelerare le transazioni ed accrescere i mercati.

Ecco alcuni esempi di applicazione.

DeFi: l'introduzione della Finanza decentralizzata sta trasformando il settore finanziario istituzionale attuale (centralizzato) porterà grandi miglioramenti tra cui la facilità nella gestione e convalida dei dati dei clienti, miglioramento dei servizi offerti per il mercato, maggior velocità e trasparenza delle operazioni

Smart Contract: la Blockchain risarcirà autonomamente i danni riducendo così i costi, tempi di attesa e quantità di modulistica.

1.8.5 INTERNET OF THINGS

La Blockchain è utile per fornire un sistema di comunicazione tra tutte le macchine all'interno di un'azienda o di un sistema. I network IoT sono spesso usati per raccogliere dati ed informazioni da luoghi molto lontani tra di loro. Memorizzando questi dati in una Blockchain, essi saranno consultabili da chiunque vorrà e resteranno sicuri ed immutabili per sempre. Ed è proprio questa sicurezza, specialmente quando si tratta di transazioni in Criptovalute, che spinge molte aziende ed organizzazioni a creare network IoT alimentati dalla Blockchain. Grazie a questa tecnologia, ad esempio, si potranno collegare alcuni sensori all'oggetto che si vuole assicurare; questi sensori trasmettono blocchi e informazioni circa eventuali nevicate, aumento dell'umidità o altri danni.

1.8.6 DIGITAL ADVERTISING & NEW MEDIA

In questi ambiti la Blockchain viene utilizzata soprattutto per la gestione dei copyright, per l'identificazione delle fake news e per la certificazione dell'identità digitale. Spesso gli artisti in generale incontrano difficoltà nel percepire il giusto compenso a causa della pirateria digitale.

La Blockchain può essere usata per registrare immutabilmente ed in modo trasparente tutti i dati di chi noleggia, acquista o usa le loro opere, siano esse canzoni, videogiochi od opere d'arte. E' possibile anche facilitare i pagamenti attraverso dei contratti digitali automatici chiamati Smart Contract.

1.8.7 INOLTRE LA BLOCKCHAIN

Si espanderà sempre di più grazie alla diffusione delle dAPP (Decentralized APPlications): si utilizzeranno tecnologie Blockchain su telefoni, Smart TV e altri dispositivi elettronici senza neanche rendersene conto, in quanto queste app si compileranno da sole quando servirà, seguendo la catena di blocchi precedenti.

Esistono dApp che non vengono eseguite sulla rete Blockchain. Le applicazioni digitalizzate su Blockchain devono soddisfare i seguenti requisiti:

* Essere completamente open-source;
* Tutti i dati record delle operazioni devono essere salvati in una Blockchain pubblica;
* Deve essere utilizzato un Token crittografico;
* Il Token deve essere generato dall'applicazione stessa.

Esistono 3 tipologie di dApp:

* dApp con la propria tecnologia (es. Ethereum);
* dApp che non utilizzano una propria Blockchain ma hanno un proprio Token per il funzionamento;
* dApp che utilizzano il protocollo di un'altra di App che ha la sua Blockchain e il suo Token.

Come vedi le applicazioni della Blockchain sono infinite. Inizialmente legata al Bitcoin e al mondo delle Criptovalute, ora la tecnologia Blockchain è usata anche da industrie, banche ed azienda di ogni tipo per certificare la provenienza di un prodotto agroalimentare o per certificare lo scambio di titoli e azioni. Qualsiasi cosa che abbia un valore può essere rintracciata e scambiata su una rete Blockchain, riducendo i rischi e i costi per tutti gli interessati: tangibile (come case, soldi o automobili, ecc.)

oppure non tangibile (marchi, copyright o brevetti, ecc.).

I membri di una rete Blockchain condividono una visione singola della verità (delle informazioni archiviate), ed è possibile vedere tutti i dettagli di una transazione end-to-end, generando così maggiore fiducia. Cioè una grande spinta per potenziare nuove tecnologie, che consentiranno un drastico aumento dell'efficienza, della trasparenza e della fiducia.

Ma ahimè in Italia il mercato della Blockchain è ancora agli albori nonostante Bitcoin e Criptovalute siano nate da più di 10 anni. Le aziende non conoscono ancora bene questa tecnologia, non si fidano del suo utilizzo e pochissime hanno realmente avviato veri e propri progetti in merito.

Ad esempio, sapevi che il Made in Italy è tracciato su Blockchain, segnando così la svolta nella lotta contro il falso, grazie ad un'etichetta virtuale, verificabile ed immutabile che rende difficile la vita a contraffattori e produttori di falsi.

Ecco uno schema riepilogativo, ma non esaustivo, delle tipologie di transazioni che possono essere gestite con la Blockchain, dal trasferimento di beni o servizi, alle gestione delle informazioni attinenti la contrattualistica (Smart Contract).

Transazioni Finanziarie		Transazioni NON Finanziarie		
Pagamenti	Mercati Finanziari	IOT: internet delle cose	Gestione Catena di rifornimenti	Beni immobili e Proprietà
Piattaforme di Trading	Controllo di Conformità	Gestione dell'Identità	Smart Contract	Archiviazione dei dati
Assicurazioni	Prestiti peer-to-peer	E-voting	Tracciabilità	Diritto d'Autore

2
LE CRIPTOVALUTE

ra che abbiamo introdotto la Blockchain ed il suo funzionamento, possiamo fare chiarezza su cosa sono le monete virtuali, sulle loro caratteristiche principali, sui 2 capitoli successivi invece impareremo quali passi seguire per prepararsi al meglio ad operare con esse. Prima ancora di iniziare a parlarne però, voglio introdurre la caratteristica principale delle Criptovalute che è la volatilità e quindi meglio chiarire subito questo concetto. La volatilità è la variazione del valore della criptomoneta in modo improvviso, molto veloce e senza preavviso, anche più volte all'interno della stessa giornata. Ecco perché chi opera in generale con le Criptovalute e soprattutto chi fa Trading con esse deve essere molto prudente, ma con le conoscenze e l'esperienza giuste potrebbe sicuramente trarne un grande vantaggio economico. Ma procediamo con ordine e vediamo nel dettaglio cosa sono le Criptovalute.

Le criptomonete si stanno facendo sempre più strada nella vita di tutti i giorni e nel mondo. La Curva d'Adozione ne spiega bene il meccanismo.

In questa fase del lifecycle della Blockchain è come se fossimo all'inizio del nuovo millennio, quando internet ha iniziato a penetrare buona parte dei settori pubblici e privati irrompendo prepotentemente nelle nostre vite (OS performanti come XP, diffusione capillare delle mail, informazione online, nascita della condivisione di file P2P, le «live chat» e gli embrioni dei primi social network).

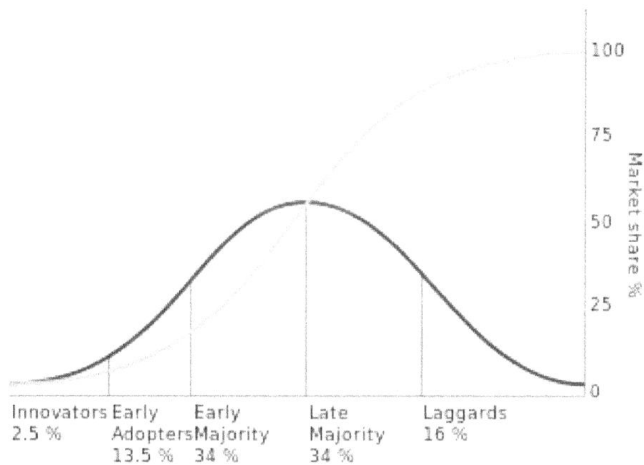

Essa ha lo stesso andamento per tutti prodotti novità e le tecnologie rivoluzionarie:

- *Innovators*: 2,5% della popolazione è composta dagli Innovatori, che contribuiranno alla diffusione della nuova tecnologia e all'esponenziale aumento nel suo utilizzo in ogni settore.

- *Early Adopter*: 10% della popolazione. Saranno i primi

che acquisteranno quel nuovo prodotto o adotteranno quella tecnologia innovativa.

- *Early Majority*: 40% della popolazione. Sono tutti quelli che seguiranno i primi; qui c'è l'impennata della Curva d'Adozione.

- *Late Majority*: 40% che con il precedente 40% corrisponde alla maggior parte della popolazione, coloro che acquistano il prodotto quando non è più una vera novità, ma è già stato provato e testato dagli *Innovators* e dagli *Early Adopter*.

- *Laggards*: ultimo 10% che corrisponde all'appiattimento della Curva e ai cosiddetti ritardati.

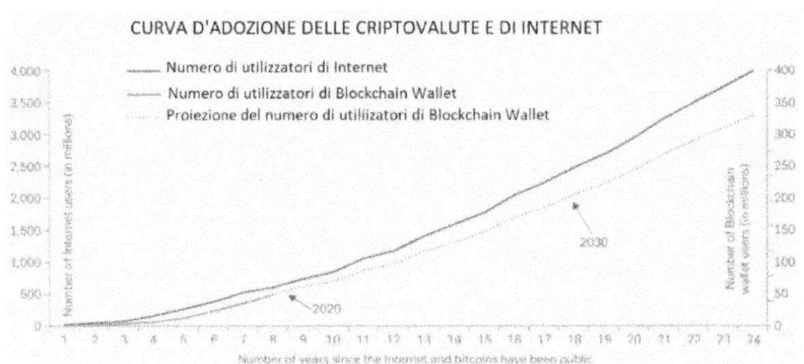

Denaro Digitale. Una Criptovaluta altro non è che denaro digitale. Potresti potenzialmente utilizzarle per pagare il caffè al bar se questo avesse adottato, oltre che il classico POS, anche una modalità di pagamento con Criptovalute. Ma non solo, puoi acquistare un viaggio, prenotare voli e chi più ne ha più ne metta, proprio come fai con il tuo Paypal o la tua carta di credito.

La Criptovaluta in sé è unica per una serie di caratteristiche principali uniche. Essa serve come un sistema di denaro elettronico non posseduto da nessuno. E' decentralizzata e non dipende né dal sistema bancario, né dalla supervisione dei vari Stati, ma solamente dal controllo degli utenti che la scambiano.

Si muove attraverso la Blockchain, seguendo tutte le sue regole viste nel primo capitolo *Immutabilità del Registro*, *Network di Peer*, *Meccanismo di Consenso*, *Transazioni a firma digitale*, *Programmabilità*, *Trasparenza* ed è la rappresentazione digitale di valore basata sulla crittografia, una moneta nascosta, utilizzabile solo conoscendo uno specifico codice informatico. Quindi non possiamo vedere né toccare fisicamente una criptomoneta.

2.3   PERCHÉ SI CHIAMA COSÌ

La parola "Criptovaluta" deriva dalla parola inglese "cryptocurrency", ottenuta dalla fusione di "cryptography" (crittografia) e "currency" (valuta). Il termine crittografia, invece, viene dall'unione di "kryptós" (che in greco significa nascosto) e "graphía" (che significa scrittura). Lo scopo quindi è quello di nascondere il contenuto di un messaggio in modo da consentire la lettura dello stesso solo alle persone in possesso delle chiavi e dei codici per decifrarlo e invece renderlo inaccessibile a tutti gli altri. La Criptovaluta utilizza complesse tecniche crittografiche per proteggere le transazioni tra utenti.

In realtà, se ci pensi bene anche noi usiamo tutti i giorni la crittografia, basti pensare ai giornali di Enigmistica. A volte li trovi nei quiz, chiamati proprio "Crittografici" cioè quelli in cui a numero uguale corrisponde lettera uguale.

2.4 DENARO FISICO, DENARO DIGITALE E CRIPTOVALUTE

Facciamo un passo indietro e chiariamo il concetto di "denaro".

Ecco può essere fisico (i contanti) o digitale (ad esempio quello depositato nei conti correnti).

Il denaro fisico è dato dai contanti, che non forniscono informazioni sull'identità di chi lo dà e di chi lo riceve. Questo tipo di pagamento non ha bisogno di altre persone se non delle due interessate allo scambio. I pagamenti avvenuti in contanti non possono essere annullati né riaddebitati (a meno che non lo vogliano le parti), come invece avviene con un bonifico o con un pagamento fatto con carta di credito. Il grande problema dei contanti però è che non possono essere scambiati a distanza ma solo di persona.

Perciò quando è necessario trasferire del denaro a qualcuno dall'altra parte del mondo o non così vicino, bisogna utilizzare il denaro digitale, attraverso un bonifico o un accredito on-line. Chi acquista qualcosa chiede alla banca di accreditare al commerciante il costo di quel bene o servizio.

Queste transazioni vengono affidate a parti terze come una banca o PayPal, che gestiscono i conti in cui è contenuto il denaro e l'operazione vera e propria può avvenire con un bonifico o con una carta di credito che può essere una carta fisica o una carta on-line. Se si tratta di carta fisica la persona che acquista striscia direttamente la carta nel negozio perciò la transazione è più sicura perché il negoziante si accerterà che quella persona sia veramente la titolare della carta (o almeno dovrebbe farlo). Utilizzando invece la carta on-line la transazione ha un tasso di frode più alto in quanto la carta potrebbe essere stata rubata. Ecco perché in questo caso ad ogni pagamento è necessario fornire il proprio indirizzo e le tre cifre riportate nel retro della carta di credito.

Possiamo dire quindi che il contante ha un metodo di pagamento completamente anonimo mentre con il pagamento digitale si riesce sempre a risalire al compratore o al venditore.

Con le Criptovalute cambia tutto in quanto trattasi di denaro digitale ma anonimo al tempo stesso. Approfondiremo più avanti come può essere possibile.

Che si tratti di denaro contante o di denaro digitale esso deve soddisfare le seguenti tre caratteristiche:

2.4.1 MEZZO DI SCAMBIO

Il denaro, come ben sai, è utilizzato per pagare qualcuno in cambio di qualcosa che si è ricevuto. Per quanto riguarda il Bitcoin o le altre Criptovalute è possibile:

- Utilizzarle come strumento di pagamento, anche con un'evoluzione rispetto al vecchio denaro;

- Trasferirle su internet senza che nessuna parte terza possa negare la transazione o disapprovarla, la velocità di transazione è ridotta a qualche secondo;

- Permettono di fare pagamenti all'estero senza dover cambiare la propria valuta con il rischio di perderci.

2.4.2 RISERVA DI VALORE

Come riserva di valore il Bitcoin ha dato veramente grandi frutti in quanto rispetto alla sua data di nascita nel 2009 oggi vale decine di migliaia di dollari quindi il suo valore è aumentato di molto. Come Bitcoin anche molte altre valute emergenti stanno aumentando il loro valore, anche se non si tratta di un valore sempre stabile.

2.4.3 UNITÀ DI CONTO

Cioè può essere usato per contare il valore dei propri beni: sommando il valore di tutti i propri beni una persona potrebbe, ad esempio, avere un patrimonio totale di

€350.000. Solitamente si usano come unità di misura le valute nazionali che sono unità accettate da tutti (euro, dollaro o altro). Per quanto riguarda l'utilizzo del Bitcoin come unità di conto, non è sicuramente la scelta giusta a causa della volatilità del prezzo rispetto al Dollaro. Il suo valore è molto altalenante e può anche crescere o calare drasticamente più volte nell'arco di una giornata.

Il valore di una moneta nasce dalla fiducia che le persone ripongono in essa. Che si tratti di valuta tradizionale o di Criptovalute poco importa. E finché le persone continueranno a credere in queste valute, il denaro continuerà ad avere valore.

Ma il Bitcoin (e la Blockchain) con la sua nascita ha dato vita ad un sistema finanziario unico, libero da banche centrali ed organi di controllo.

Nonostante questo abbiamo appena visto come il Bitcoin e tutte le altre Criptovalute nate in seguito condividano alcune caratteristiche con il classico denaro emesso dai governi (Mezzo di Scambio, Riserva di valore, Unità di conto). Come per le monete reali, anche il Bitcoin e le Altcoin hanno 2 valori:

Valore Intrinseco: costo di produzione dell'oggetto (per L'Euro tale costo è dato dalla somma del costo del metallo usato per ogni monetina, dal costo della carta e dal costo delle procedure di conio). Potremmo azzarda dicendo che il denaro non ha alcun valore intrinseco perché è solo un pezzo di carta. Come abbiamo visto, il suo valore deriva dalla fiducia;

Valore Nominale: I valore stabilito per convenzione (per l'Euro il costo nominale di una monetina è 1€, cioè il valore stampato sulla moneta stessa). Per il Bitcoin il valore nominale è 1 BTC.

Per tutte le critpvalute il valore intrinseco potrebbe sembrare nullo, in quanto non essendo reali non sono composte da alcuna materia prima, ma in verità il mining per creare e gestire questa criptomoneta ha costi elevati in termini di strumentazione e consumo energetico.

Ad esempio il valore del Bitcoin è variabile, in base alla domanda ed all'offerta:

- domanda → quanto il mercato richiede di investire in questa criptomoneta; valore non costante né prevedibile;

- offerta → in tutto saranno disponibili 21 milioni di Bitcoin, con una curva di crescita sempre più rallentata; è sempre più difficile creare Bitcoin.

Per questo suo valore instabile il Bitcoin non è molto usato nei pagamenti, anche se qualcuno lo utilizza, specialmente nei pagamenti online essendo un metodo di pagamento molto economico e veloce. Quando effettui una transazione con una persona dall'altra parte del mondo, il denaro arriva in pochi secondi e ad una commissione molto ma molto più bassa rispetto a quella pagata per un bonifico bancario internazionale.

2.5   QUAL È LA DIFFERENZA TRA CRIPTOVALUTE E TOKEN?

Altro campo di sviluppo della Blockchain riguarda la diffusione dei Token e degli ICO, strumenti in grado di abilitare modelli di business molto innovativi.

Una Criptovaluta può essere classificata come moneta o Token, in base alla Blockchain su cui è costruita.

Si parla di moneta quando la Criptovaluta ha una propria Blockchain come ad esempio Bitcoin, Bitcoin, Ripple ed Ethereum.

Token invece, quando la Criptovaluta è costruita su un'altra Blockchain, come ad esempio una dApps che gira sulla Blockchain di Ethereum.

Le dApps sono applicazioni decentralizzate Open Source completamente autonome e utilizzano la Blockchain di Ethereum o altre. Per fare un esempio concreto di cosa può essere una dApp basti pensare alle Apps di iTunes Store come app autonome e non di proprietà della Apple.

Difatti Ethereum è una Criptovaluta che non è stata pensata per trasferire semplicemente denaro come Bitcoin, ma come piattaforma per alimentare gli Smart Contract e le dApps.

Per capire bene cosa sono i contratti intelligenti o Smart Contract faccio un banalissimo esempio. Diego Imposta un suo contratto intelligente per " pagare €50 ad Antonio se Invia 2 articoli a settimana". Dopo che Antonio avrà spedito 2 articoli in 1 settimana a Diego il contratto intelligente pagherà automaticamente i €50, senza che sia lo stesso Diego a controllare l'arrivo dei due articoli ogni settimana. Se invece Diego non riceverà nulla lo Smart Contract non pagherà Antonio. Semplice!

Più approfonditamente un Token è un insieme di informazioni digitali che conferiscono un diritto di proprietà a un soggetto che partecipa ad una Blockchain; i vari diritti vengono governati da Smart Contract. Ad esempio sono stati creati Token per certificare la proprietà unica di beni immateriali (canzoni, progetti, giochi, meme etc.), che di fatto renderanno nel giro di pochi anni obsolete le case discografiche.

Le ICO raccolgono fondi di tipo crowdfunding per creare nuove Criptovalute (parte dei blocchi generati dalla nuova Blockchain), con la distribuzione di Token per tutti i partecipanti, qualora la raccolta fondi andasse a buon fine.

In altre parole i Token vengono venduti durante la prima vendita pubblica di un progetto o un'offerta iniziale di monete (ICO) proprio come avviene nelle offerte pubbliche iniziali del mercato azionario. Si distinguono in Token:

- Token di utilità (per acquistare prodotti o servizi della piattaforma che li emette);

- Token di sicurezza (che rappresentano le quote di un'azienda e servono per pagare dividendi utili e interessi)

Tipo di Token	Criptovaluta	Utility Token	Security Token
COS'E'	Vera e propria moneta, la cui generazione è regolata dalla crittografia, e che può essere trasferita tramite una transazione sulla blockchain.	Conferiscono dei diritti ai loro proprietari. Smart contract: gestione automatica di determinate condizioni contrattuali. Gestione e prestazione di servizi: il titolare vanta il diritto di ricevere un determinato bene o servizio dal soggetto che li emette	Rappresentano i diritti di una proprietà, compresi eventuali altri privilegi, proprio come una partecipazione azionaria, ma accessibili alle persone di tutti il mondo (dividendi, interessi o profitti)
VALORE	Il suo valore aumenta se ne aumenta la domanda.	Può aumentare nel tempo se aumenta la domanda del prodotto o servizio a cui si riferiscono.	Aumenta di valore se la società sottostante aumenta essa stessa di valore.
PROVENIENZA VALORE	Token basato su Asset	Token basato sul valore del Network	Token basato sul successo commerciale di chi li emette
LIVELLO TECNICO	Token nativi	Token non nativi	dApp Token (applicazioni)
ESEMPIO			Esempio: Diritto di voto per i soci di un'azienda.

Per ora la Blockchain viene utilizzata quasi esclusivamente per generare Criptovalute, ma nel prossimo futuro sarà uno dei pilastri su cui si reggerà l'economia. Aiuterà aziende ed imprenditori ad evitare le truffe e a garantire l'indipendenza da enti e figure professionali che lavorano sull'autenticazione dei dati e sulla risoluzione delle irregolarità, come notai e avvocati.

I dati per la caratteristiche intrinseca della Blockchain saranno precisi, sicuri ed immutabili nel tempo.

2.6 COS'È IN ICO

Letteralmente ICO significa Initial Coin Offering, cioè offerta iniziale di monete.

Avviene quando si raccolgono fondi per un progetto o per la creazione di una nuova società, attraverso l'emissione di una nuova Criptovaluta. Se il progetto va in porto e produrrà un capitale, il valore di questa Criptovaluta aumenterà e chi vi avrà investito ne trarrà un guadagno. Viceversa, se il progetto va a monte, chi vi avrà investito non ci guadagnerà nulla perché la nuova criptomoneta non avrà più alcun valore.

In altre parole, dove la nuova Criptovaluta si apprezza o si svaluta a seconda del capitale totale che sostiene il progetto.

Fino ad oggi sono state inventate migliaia diverse Criptovalute con un ICO, alcune che stanno andando alla grande, altre che stentano ad aumentare il loro valore ed altre ancora che non hanno superato i 6 mesi di vita ed hanno fatto perdere tutto a chi vi ha investito.

Ecco perché investire in ICO è molto rischioso. Bisogna quindi assicurarsi della solidità e fattibilità del progetto su cui si decide di investire.

2.7 QUALI SONO LE CRIPTOVALUTE PRINCIPALI

Abbiamo già spiegato cosa sono e come funzionano le criptomonete e cioè che sono delle monete virtuali utilizzabili sia come metodo di pagamento sia come mezzo di investimento. Le Criptovalute più conosciute sono il Bitcoin (BTC) ed Ethereum (ETH). Tutte e due sono basate su una Blockchain costituita da una catena di blocchi contenenti varie transazioni e concatenati tra loro attraverso il sistema di crittografia.

Ad oggi il Bitcoin ha raggiunto un grandissimo valore e fa sorridere che un tempo non valeva più di qualche dollaro!!

Questo fa pensare che anche altre criptomonete possono aumentare di molto il loro valore Ecco perché ne vengono sempre create di nuove e aumentare esponenzialmente gli investimenti in Criptovalute.

Qui di seguito troverai l'elenco delle principali Criptovalute con cui potrai iniziare a fare piccoli investimenti, o addirittura cominciare ad usarle come metodo di pagamento al posto della normale moneta.

2.7.1 BITCOIN

Anno di nascita: 2009
Fondatore: Satoshi Nakamoto
Simbolo: ฿

E' la prima criptomoneta nata, nel 2019 da una rete di hacker che si è spacciata per Satoshi Nakamoto, al momento della pubblicazione di questo libro la sua quotazione è di oltre 50.000 Euro, ecco perché è impossibile ottenerne qualcuno minando. Il modo più semplice per guadagnare con i Bitcoin è facendo trading. Ci sono in circolazione 9 milioni di Bitcoin, ma in rete ce ne sono disponibili ben 21 milioni.

Si possono acquistare, dopo aver aperto un Wallet, in cambio della moneta tradizionale. Possono essere spesi anche per l'acquisto di beni fisici, in quanto ormai vengono accettati sempre da più realtà commerciali, on line e sul territorio.

Anno di nascita: 2015
Luogo: Toronto
Fondatore: Vitalik Buterin
Simbolo: ETH Ξ

Ethereum è nato nel 2015, e non è una semplice Criptovaluta ma un intero sistema.

Esso contiene gli "Smart Contract", contratti intelligenti che possono essere utilizzati per molte diverse operazioni. Si tratta di azioni automatiche, autonome e sicure grazie alla crittografia dei dati contenuti al loro interno.

Per capire bene cosa sono i contratti intelligenti o Smart Contract faccio un banalissimo esempio. Diego Imposta un suo contratto intelligente per " pagare €50 ad Antonio se Invia 2 articoli a settimana". Dopo che Antonio avrà spedito 2 articoli in 1 settimana a Diego il contratto intelligente pagherà automaticamente i €50, senza che sia lo stesso Diego a controllare l'arrivo dei due articoli ogni settimana. Se invece Diego non riceverà nulla lo Smart Contract non pagherà Antonio. Semplice!

Gli Smart Contract funzionano solo grazie agli Ether, la Criptovaluta scambiata all'interno di Ethereum. Cioè, come i Bitcoin sono la ricompensa per chi chiude blocchi nella Blockchain, gli Ether sono la ricompensa per chi calcola gli Smart Contract su Ethereum.

La differenza tra queste 2 Criptovalute invece sta nel fatto che i Bitcoin vogliono diventare una moneta alternativa e sono limitati (21 milioni), mentre l'obiettivo di Ethereum solamente il far calcolare gli Smart Contract, quindi gli Ethers sono infiniti.

2.7.3 BINANCE COIN

Anno di nascita: 2017
Luogo: Cina
Fondatore: Changpeng Zhao
Simbolo: BNB

Binance Coin è la criptomoneta ufficiale del portale Binance, un Exchange di Criptovalute. Essendo nata solo nel 2017 è molto volatile ma anche molto sicura in quanto utilizza la Blockchain di Ethereum. Al suo lancio, con l'ICO, sono stati introdotti più di 200 milioni di Token, ad un prezzo di qualche centesimo di dollaro, aumentato a 2$ in pochi mesi.

Puoi acquistare i Binance Coin sia tramite Exchange Binance (che è uno dei principali Exchange del mondo) oppure tramite trading CFD. Nel primo caso possiedi effettivamente le criptomonete, e quindi puoi utilizzarle come moneta virtuale e rivenderle quando avranno aumentato il loro valore.

Se invece opti per il trading, data la grande volatilità di questa criptomoneta, non possiederai direttamente i Binance Coin, ma puoi speculare sul rialzo o il ribasso del loro valore. E poi puoi spendere i Binance Coins per pagare le commissioni associate all'utilizzo dei servizi Binance.

Anno di nascita: 2013
Luogo: Sydney
Fondatore: Billy Markus e Jackson Palmer
Simbolo: Đ

Questa Criptovaluta è nata per scherzo per prendere in giro il Bitcoin, ed ora invece è una delle valute emergenti più interessanti, nonostante ce ne siano già più di 100 miliardi in circolazione.

E' stata creata da 2 ingegneri software ed il nome è venuto da un meme molto popolare nell'anno della sua nascita: il cane Shiba Inu che fa una strana espressione. Billy Markus, prese il codice open source di Bitcoin e lo trasformò leggermente: cambiò semplicemente tutti i riferimenti alla parola "Bitcoin" con "Dogecoin".

All'inizio i 2 ingegneri lanciarono alcune iniziative di beneficenza, trasferendo i primi Dogecoin in cambio di valuta vera, i dollari.

Poi il loro valore cominciò a crescere e sta continuando, perciò se vuoi acquistarne ti consiglio di farlo in breve tempo, finché il suo costo non è ancora molto alto. Ad oggi si guadagna molto facendo trading con i Dogecoin in quanto a volte incrementa il suo valore anche in pochi minuti. In alternativa potresti conservarla nel tuo Wallet, in attesa di un possibile, ma non sicuro, aumento di valore nel lungo periodo.

2.7.5 CARDANO

Anno di nascita: 2015
Luogo: Hong Kong
Fondatore: Charles Hoskinson
Simbolo: ADA

Cardano è nata per realizzare una piattaforma Blockchain pubblica per la gestione degli Smart Contract. La raccolta fondi per questo progetto è durata circa un anno e mezzo, raccogliendo circa 62 milioni di dollari.

Da essa viene emesso il Token ADA. ADA può essere utilizzata per inviare e ricevere fondi digitali, rendendo possibile trasferimenti veloci, diretti ed in più garantiti attraverso l'uso della crittografia.

Cardano funziona in maniera simile ad Ethereum, infatti il suo CEO è stato uno dei cofondatori di Ethereum stesso.

Si tratta di un progetto open source e la sua moneta può essere acquistata o minata facilmente, grazie alla tecnologia di Blockchain Proof-of-stake, cioè alla ridotta velocità di calcolo per generare nuovi blocchi.

Puoi facilmente acquistare ADA utilizzando in maniera combinata l'Exchange Coinbase e il Wallet Balance: con Coinbase acquisti Bitcoin e Balance li converti in ADA.

Ma attenzione a non investire troppo in Cardano per 2 principali motivi: gran parte della sua rete è ancora in sviluppo ed è difficile competere con Ethereum.

2.7.6 TETHER

Anno di nascita: 2015
Luogo: USA
Fondatore: Brock Pierce e Craig Sellars
Simbolo: USDT

Tether è una delle più diffuse Stablecoin, cioè le Criptovalute che hanno poche oscillazioni nel tempo in quanto sono basate sul cambio con una moneta reale. I primi Tether sono stati emessi sulla Blockchain di Bitcoin, ma oggi possono essere usati come valute o Token in una qualsiasi delle catene Blockchain in cui sono stati emessi.

1 Tether vale circa 1 dollaro ed è emesso solo se ogni singola unità è coperta da un dollaro nelle riserve della Tether Limited, come riferisce il New York Times.

Il Tether viene utilizzato sia da utenti che vogliono possedere una Criptovaluta senza però rischiare molto, sia dagli investitori più intrepidi per passare da una Criptovaluta all'altra nei momenti di incertezza, senza dover convertire i propri fondi in valute ufficiali.

Detto in altre parole, il non essere una criptomoneta volatile la rende meno appetibile rispetto alle Criptovalute ordinarie, ma questa caratteristica può tornare utile per controbilanciare il proprio portafoglio titoli con asset più stabili.

Il Tether è una moneta molto discussa perché in circolazione ci sono più di 50 miliardi di Tether e se tutti i possessori volessero cambiarli in dollari, significherebbe dover cambiarli con 50 miliardi di dollari. Ecco perché molti consigliano di non investire in questa Criptovaluta, in quanto non del tutto sicura.

Anno di nascita: 2013
Luogo: San Francisco
Fondatore: Chris Larsen e Jed McCaleb
Simbolo: XRP

Come Cardano, anche Ripple è un protocollo internet open source in cui le transazioni sono registrate su una Blockchain verificata e sicura. E' utilizzata sulla rete di Ripple per trasferire rapidamente denaro tra commercianti e acquirenti che utilizzano valute diverse. Le banche e le istituzioni finanziarie (ad esempio American Express, UniCredit, UBS, Standard Chartered Bank, Santander, e Westpac Banking Corporation) utilizzano Ripple Net come piattaforma per trasferire XRP rapidamente e a livello internazionale a un prezzo più basso. Pensa che la rete può elaborare fino a 1.500 transazioni al secondo con un tempo medio di transazione di appena 4 secondi.

E' un'ottima Criptovaluta per investimento in quanto si potranno mettere in circolazione ben 100 milioni di Ripple, molto di più dei 21 milioni di Bitcoin. Data la grande quantità di Ripple che ci saranno in circolazione, il loro prezzo potrebbe non salire di molto, ma potrebbe essere una buona criptomoneta per farci trading.

Inoltre, è una delle poche Criptovalute con più capitalizzazione di mercato che non ha una correlazione di prezzo significativa con Bitcoin, quindi non devi preoccuparti che la crescita o il calo dei Bitcoin influenzi i tuoi Ripple.

Anno di nascita:2016
Luogo: Svizzera
Fondatore: Gavin Wood, eter Czaban e Robert Habermeier
Simbolo: DOT

Polkadot è una Blockchain scalabile, che garantisce l'interoperabilità tra diversi network ed un protocollo sicuro per la connessione tra diverse Blockchain: private, pubbliche e permissionless. Si dice che è scalabile perché si impegna ad ospitare sempre un maggior numero di progetti, di garantire sempre maggiore connettività senza però aumentare consumi e costi, ovviamente senza rallentamenti.

Dato che uno dei suoi fondatori è stato anche un fondatore di Ethereum, la sua moneta si basa su tecnologie simili a quelle di Ethereum. Come nel web troviamo molti computer connessi in rete che si scambiano dati, Polkadot vuole riunire più Blockchain per permettere lo scambio di informazioni tra di loro più velocemente, cercando sempre una tecnologia più avanzata.

DOT è il suo Token di riferimento, e ad oggi è tra i primi 10 per capitalizzazione. Si guadagnano DOT intervenendo in uno dei 4 tipi di Blockchain in cui è suddivisa Polkadot (la Blockchain per finalizzare le transazioni, la Blockchain per confermare l'accuratezza delle transazioni, la Blockchain che permette di interagire con le altre Blockchain, e la Blockchain per mantenere accordo su tutta la rete).

Si tratta di una Criptovaluta che al momento non ha ancora un grande valore, ma ha buone possibilità di aumentarlo perciò vale la pena avere dei DOT nel proprio Wallet.

2.7.9 BITCOIN CASH

Anno di nascita: 2017
Fondatore: James Hilliard
Simbolo: BCH

BitcoinCash è nato dalla scissione all'interno di Bitcoin. Il suo funzionamento è simile al Bitcoin, ma il sistema di pagamento è molto più veloce in quanto adotta blocchi da 8 Mb per la gestione degli elementi della Blockchain (Bitcoin lavora con blocchi da 1MB). Anche con il Bitcoin gli utenti possono accelerare il processo di conferma ma devono però pagare spese di transazione molto alte e quindi rimane un mezzo di pagamento poco utilizzato.

Con questa moneta si sconsigliano l'acquisto diretto il mining a causa del prezzo sempre crescente ed invece resta ancora conveniente il Trading.

In particolare Bitcoin cash è nata da un hard fork del Bitcoin e cioè da quella manovra eseguita dagli sviluppatori di software che andarono a prendere il codice sorgente del Bitcoin e iniziarono a sviluppare una nuova versione completamente indipendente. (Nel capitolo dedicato al Bitcoin approfondiremo questo concetto).

Aumentando la grandezza del blocco da 1 a 8 Mb si vede aumentato il numero di prenotazione che la rete può lavorare di volta in volta determinando così una grande scalabilità del Bitcoin Cash. Si pensa addirittura di raggiungere il volume di scambi di PayPal e Visa.

Anno di nascita: 2011
Luogo: Boston
Fondatore: Charlie Lee
Simbolo: LTC

Litecoin è una criptomoneta anziana come il Bitcoin. Era nato come una versione più veloce, più economica e "leggera" di Bitcoin, ecco il perché del nome 'Litecoin'.

E' una Criptovaluta peer-to-peer, nata da un fork del client di Bitcoin, basata su un progetto Open Source, permettendo di ottenere nuova moneta con una velocità maggiore rispetto al Bitcoin stesso. Essendo peer-to-peer è una moneta indipendente che opera senza l'intermediazione di banche e senza dazi governativi. Il suo creatore è Charlie ex dipendente di Google, laureato al MIT (il Massachusetts Institute of Technology di Boston).

Si possono ricavare Litecoin con l'acquisto diretto, puntando ad un investimento a medio lungo termine e con il training. Sì sconsiglia invece il mining perché richiederebbe risorse troppo elevate per un ambiente casalingo.

Come altre Criptovalute, Litecoin è uno strumento molto utilizzato sui mercati finanziari per il trading di Criptovalute, grazie alla sua volatilità. Il valore di LTC ha raggiunto un massimo storico di 350 dollari verso la fine del 2017, come molte altre criptomonete, ed il suo valore resta comunque sempre alto.

Come Bitcoin anche Litecoin ha un limite di Criptovalute, ma molto più elevato della prima criptomoneta e cioè di 84 milioni.

2.7.11 STELLAR

Anno di nascita: 2014
Fondatore: Jed McCaleb
Simbolo: XLM

Stellar proviene da Ripple, ed è stata creata per semplificare i passaggi di denaro tra le persone, permettendo transazioni immediate e a prezzi molto bassi grazie al sistema decentralizzato e Open Source. Si pensi ad esempio che riesce a gestire 10.000 transazioni al secondo. Stellar Lumens è una Blockchain nata per velocizzare e rendere più economiche le transazioni di denaro reale. Ad oggi sono oltre 500 milioni le operazioni fatte su questa Blockchain, grazie al Token Lumen.

Il suo mercato di riferimento è il sud est asiatico: infatti le monete reali inviate su stellar vengono convertite in XML, poi in Yuan all'interno delle banche cinesi. Ogni volta che un utente deposita del denaro reale sulla rete, vengono emessi nuovi XLM, con rapporto di 1:1. Questo utente avrà a disposizione un Wallet capace di comunicare con il sistema di home banking per effettuare pagamenti diretti ad altri conti bancari.

Infatti molti cinesi optano di ricevere denaro direttamente nel loro smartphone che poi utilizzeranno per finanziare le loro imprese e creare nuovi Token Lumen e quindi ICO.

Con Stellar si può inviare denaro in altri paesi extra europei in modo molto economico e veloce, come con Ripple, abbattendo i confini geografici tra i diversi paesi del mondo.

Troviamo nodi Stellar non solo in Cina, ma è una rete sparsa in tutto il mondo, quindi la sua Blockchain risulta inattaccabile da eventuali attacchi informatici.

Se siamo certi che con le Criptovalute più tradizionali abbiamo margini di crescita costanti numerativi possiamo provare a puntare su qualche nuova moneta virtuale sconosciuta che potrebbe portarci ad avere più successo anche se con un rischio maggiore in fase di investimento. Potremmo puntare sullo scambio con il Trading o l'acquisto nel proprio portafoglio virtuale.

Si tratta di monete virtuali disponibili solo da pochissimi anni nel mercato è caratterizzata da una fortissima crescita soprattutto quando sono legate a una piattaforma Blockchain innovativa.

Vantaggi e rischi

- Molte di queste nuove Criptovalute hanno un prezzo accessibile e cioè non più di €10 ad unità così potremmo conservarle nel nostro Wallet e procedere con la vendita solo quando il valore sarà sufficientemente alto per permetterci di guadagnare.

- Essendo nuove queste Criptovalute non hanno ancora raggiunto il massimo della loro disponibilità totale Perciò è possibile minare anche Token interi e non piccole parti di Criptovaluta come succede ormai con Bitcoin o altre vecchie monete.

- Ovviamente come per le altre Criptovalute anche per queste dovremmo tenere conto del rischio tenendo in considerazione anche una possibile perdita totale se il valore non aumentasse.

- In questo caso è importante diversificare l'investimento, cioè acquistare o fare Trading con almeno 5 o 6 nuove Criptovalute per mediare le fluttuazioni di prezzo e le eventuali perdite del capitale investito.

- Occorre tener presente che la Blockchain utilizzata da questa moneta potrebbe non avere successo e quindi di conseguenza calerebbe velocemente anche il valore della moneta a cui è associata.

È possibile acquistare le nuove Criptovalute nei siti Exchange, convertendole da euro o altra moneta, oppure è possibile fare trading rivolgendosi ai broker.

2.8.1 NEO

Anno di nascita: 2017
Luogo: Cina
Fondatore: Da Hongfei, Zhang Zhengwen

Neo è nata nel 2017 in Cina e funziona in modo simile ad Ethereum. Neo è la prima piattaforma di Criptovalute di Blockchain decentralizzata e Open Source lanciata in Cina.

Chi mantiene attiva la Blockchain di Neo riceve in cambio la Criptovaluta di Neo.

I fondatori di NEO decisero di creare un network partendo dall'idea che la tecnologia sia in grado di cambiare il futuro grazie alla cosiddetta "Smart Economy" cioè "l'economia intelligente". Si tratta del processo che permetterà ad un'idea di diventare realtà tramite la tecnologia o tramite la comunicazione tra varie persone con svariate competenze.

NEO gestisce infatti gli Smart Contract e le identità digitali all'interno della piattaforma tramite il pagamento in Criptovaluta, proprio come con Ethereum. Ma la Blockchain di NEO risulta essere superiore rispetto ad Ethereum dal punto di vista della scalabilità, cioè la capacità della piattaforma di resistere a degli aumenti delle transazioni.

Ad oggi i Token NEO circolanti sono ben oltre il 75%. Quindi sarà sempre più difficile minare questa moneta ma può essere acquistata e tenuta nel proprio Wallet per guadagnare con il trading online. Inoltre puoi investire al rialzo oppure al ribasso, ottenendo così profitti sia quando il suo valore sale, sia quando scende.

Anno di nascita: 2014
Luogo: San Francisco
Fondatore: Steve Ellis, Ari Juels e
Sergey Nazarov
Simbolo: LINK/BTC

Chainlink è una rete pubblica a Blockchain, aperta a chiunque, utilizzata per gestire contratti intelligenti e dati da certificare. E' un sistema basato in una tecnologia che utilizza i cosiddetti "oracoli", cioè anelli di congiunzione tra la Blockchain (e quindi gli Smart Contracts) ed il mondo reale e che hanno l'obiettivo di passare informazioni agli Smart Contracts, nel momento in cui si verificano determinate condizioni nel mondo.

La sua rete è gestita tramite la rete di Ethereum e di Token ERC-20, che consente di realizzare un'infrastruttura operativa autonoma, sicura e decentralizzata. E come in ogni Blockchain ogni dato è impossibile da modificare o da contraffare.

La sua Criptovaluta si chiama link ed è l'incentivo economico per l'attivazione di blocchi e il mantenimento della potenza di calcolo per continuare a cifrare i dati e certificare. Ad esempio chi ha bisogno di dati dagli oracoli dovrà pagarli in LINK ed anche tutti gli altri servizi offerti dal network verranno pagati in LINK.

Si possono guadagnare link facendo training on-line ma anche partecipando al mantenimento della Blockchain Chainlink.

2.8.3 BAT

Anno di nascita: 2017
Fondatore: Brendan Eich
Simbolo: Basic Attention Token

Il BAT è stato creato per migliorare l'efficienza della pubblicità digitale, creando un nuovo Token che può essere scambiato tra editori, inserzionisti e utenti.

E' un Token ERC-20 costruito sulla rete Ethereum e utilizza un browser chiamato Brave; l'utilità del Token si basa sull'attenzione dell'utente verso un particolare annuncio pubblicitario.

Quando qualcuno attiva Brave Rewards, il browser calcolerà automaticamente il tempo speso su ciascun sito e dividerà il contributo BAT mensile di quella persona fra tutti i siti che visitano e che sono accreditati come publisher verificati su Brave.

Si possono guadagnare i Bat anche inserendo annunci pubblicitari tramite pop-up nei vari siti, proprio come avviene su Google AdSense.

A differenza delle monete virtuali che possono fare acquistare servizi virtuali, il Bat permette di acquistare qualcosa di fisico e cioè una vera e propria pubblicità. Un'altra caratteristica che rende il Bat una moneta interessante è che è stato creato da Brendan Eich inventore di JavaScript e cofondatore di Mozilla.

Ecco perché il BAT è una delle criptomonete emergenti più scambiate sui siti di Exchange e più richieste per chi vuol guadagnare con il trading online.

Anno di nascita: 2014
Fondatore: Zooko Wilcox-O'Hearn
Simbolo:ZEC

ZCash è nata nel 2014 sviluppata in collaborazione con i ricercatori di ZeroCoin e altri ricercatori che puntavano a rendere più efficiente e privata la rete.

I pagamenti con queste Criptovaluta sono disponibili sulla Blockchain pubblica ma restano privati il mittente, il ricevente e il valore della transazione. Diciamo quindi che questa moneta offre privatezza e trasparenza nelle operazioni. Per questo motivo in passato è stata una criptomoneta molto volatile.

Oggi invece sembra avere una crescita più stabilizzata e quindi è consigliata per chi vuole fare mining o per chi invece preferisce fare Trading.

In circolazione ci sono più di 11 milioni di Zeta Cash e la sua fornitura fissa totale di 21 milioni di unità. Ecco quindi che potrebbe dare ottimi profitti sia per chi la vende sia per chi la conserva nel suo Wallet in attesa di un aumento di valore futuro.

2.8.5 AAVE

Anno di nascita: 2017
Fondatore: Stani Kulechov
Simbolo: AAVE

AAVE è la Criptovaluta associata alla Blockchain che permette di ottenere prestiti in 20 diverse Criptovalute con la possibilità di sbloccare i prestiti istantaneamente, cosa impossibile da fare con le solite banche tradizionali.

Il simbolo di AAVE è un fantasma e questo è proprio il significato della parola in finlandese, nome deciso per il fatto di avere la possibilità di effettuare prestiti in modo sicuro e anonimo.

Inoltre, coloro che non avessero il denaro disponibile per ripagare un piccolo debito potrebbero tenere acceso il proprio computer e partecipare alla Blockchain per restituire il prestito, grazie all'ottenimento di Criptovaluta AAVE, usata come scambio.

Gli investitori hanno la possibilità di chiedere o di dare in prestito Criptovalute in modo decentralizzato.

Questa Criptovaluta sta attirando l'attenzione di molti investitori in tutto il mondo perché si pensa che si diffonderà moltissimo in quanto banca che effettua prestiti velocissimi.

Anno di nascita: 2018
Luogo: Corea
Fondatore: Do Kwon e Daniel Shin

Terra ha l'obiettivo di offrire una Blockchain per realizzare una infrastruttura finanziaria tutta nuova. In essa vengono scambiate alcune diverse Criptovalute stabili il cui valore viene stabilizzato con la Criptovaluta Luna, Token che ripaga chi genera nuove Blockchain.

I possessori di Token Luna inoltre possono votare e accettare le proposte di miglioramento o di modifica della rete stessa.

L'obiettivo di terra è avere la possibilità di poter effettuare pagamenti e prestazioni in modo controllato e conveniente.

Le Altcoin messe a disposizione sono associate a monete reali come il dollaro degli Stati Uniti, il Won della Corea del sud e il Tugirk della Mongolia.

I vantaggi nell'uso di terra sono: poter pagare con commissione molto basse, avere una grande velocità sui trasferimenti e ottenere pagamenti efficaci ed efficienti oltrefrontiera.

Se stai decidendo se Investire o meno In Terra Luna ti sarà utile sapere che vengono creati Token "frazionati", cioè di importo minore. Ad esempio se 1 azione di un'azienda costasse 5.000$, ma tu volessi investire solo 500, potresti acquistare un Token da 1/10 di azione. Inoltre puoi utilizzare Luna o la altre Stablecoin per fare pagamenti in modo alternativo alle carte di credito tradizionali, dato che queste criptomonete vengono accettate sempre più frequentemente.

Anno di nascita: 2015
Luogo: Singapore
Fondatore: UtopianFuture (utente del forum di Bitcoin Talk)
Simbolo: NEM (New Economy Movement)

NEM è una Blockchain che sfrutta l'algoritmo proof of importance per la scrittura delle transazioni, cioè un sistema di reputazione Eigen Trust, account multiforme, messaggistica criptata.

NEM è nata nel 2014 da un fork della moneta NXT, un'altra Criptovaluta. Il nome del suo Token è XEM.

Essa premia chi detiene il numero maggiore di transazioni associato al proprio Wallet e così ogni partecipante diventa un nodo all'interno della Blockchain. La Blockchain NEM adotta gli "Smart Asset System", cioè un sistema intelligente open source che permette di personalizzare l'utilizzo della Blockchain con una serie di servizi atti a semplificare l'utilizzo delle strutture Blockchain.

Il portafoglio NEM si basa su un NanoWallet, scritto in HTML e in Javascript. E' in grado di funzionare sul browser di qualsiasi device e può dialogare con ogni server NEM e può gestire, trasmettere e effettuare transazioni con tutta la rete

Data la grande volatilità dei NEM si può fare Trading on-line addirittura guadagnandoci nell'arco della giornata a causa dei continui saliscendi del valore giornaliero della moneta stessa.

È una moneta molto popolare in quanto ha un'altissima capitalizzazione del mercato e quindi è molto interessante tra i broker che la raccomandano per buoni investimenti.

2.8.8 COSMOS

Anno di nascita: 2016
Luogo: Svizzera
Fondatore: Ethan Buchman, Jae Kwon e Zarko Milosevic
Simbolo: ATOM

Cosmos è nato nel 2014 per creare un ambiente di comunicazione fra le diverse Blockchain per renderle scalabili e interoperabili tra di loro, e per velocizzare le transazioni al loro interno. E' diventata famosa dopo che Binance l'ha quotata sul suo Exchange di Criptovalute. Si tratta di una Criptovaluta proof-of-stake, cioè che ha l'obiettivo di dissuadere gli attacchi informatici che hanno lo scopo di esaurire le risorse di un sistema informatico inviando varie false richieste.

Il Token di Cosmos si chiama Atom. I Token permettono ai loro possessori di votare e mantenere la sicurezza di Cosmos. Infatti gli Atom sono la ricompensa per la validazione dei servizi all'interno di Cosmos e possono essere comprati e venduti sugli Exchange.

Comprare Cosmos (Atom) è sicuramente un investimento a rischio data la grande volatilità e imprevedibilità dei mercati, perciò come al solito bisognerà fare e relative valutazioni. Siccome è difficile capire se il suo prezzo salirà o scenderà, è meglio optare per i CFD (il trader non acquista fisicamente il bene negoziato ma fa trading sulla quotazione del prodotto di riferimento) per approfittare dei brevi movimenti di prezzo della Criptovaluta sia al rialzo che al ribasso.

3

I BITCOIN

E' la capostipite di tutte le Criptovalute. Poiché fu la prima, tutte le altre valute digitali create dopo il Bitcoin furono raggruppate sotto il nome di ALTCOIN, monete alternative.

L'idea alla base della creazione dei Bitcoin fu quella di creare una valuta autonoma ed indipendente da una banca centrale o un ente che fa da intermediario e che potesse permettere di effettuare pagamenti elettronici a livello mondiale senza controlli, in maniera istantanea e anonima.

 Si fonda su 2 due principi fondamentali:

- un network P2P di natura open-source che sfrutta un database distribuito tra i nodi, cioè i pc, della rete che la compongono;

- l'uso di una forte crittografia per validare e rendere sicure le transazioni avvenute sulla rete che sono consultabili in ogni momento da chiunque.

Fu la prima Criptovaluta ad essere coniata all'interno della Blockchain. Fu annunciata nel 2008 e la sua prima transazione avvenne l'anno dopo.

Nel 2009 venne registrata su Blockchain la prima transazione del Bitcoin, e la sua creazione venne associata alla risoluzione di complessi processi di calcolo, metodo che ne regola l'andamento e la crescita secondo pattern prevedibili, vedremo più avanti come. Per il momento ti basta sapere che coloro che fornivano potenza di calcolo per validare le transazioni venivano ricompensati con l'assegnazione di Bitcoin.

Il Bitcoin è regolamentato dalla Direttiva UE 2018/843 e quindi riconosciuto dall'Unione Europea, per combattere il riciclaggio ed il terrorismo finanziario. Tale direttiva proclama: "*Valute virtuali*: una rappresentazione di valore digitale che non è emessa o garantita da una banca centrale o da un ente pubblico, non è necessariamente legata a una valuta legalmente istituita, non possiede lo status giuridico di valuta o moneta, ma è accettata da persone fisiche e giuridiche come mezzo di scambio e può essere trasferita, memorizzata e scambiata elettronicamente".

Chiunque può investire sui Bitcoin, come scambio tra criptomoneta e moneta "reale" o tra criptomonete, oppure con il trading. Il trading sui Bitcoin non è illegale ma una pura speculazione sull'andamento del loro valore, come per una qualsiasi altra moneta, senza che tale azione possa essere disapprovata o negata.

Nelle prossime pagine vedrai come funzionano i Bitcoin, come si creano, cosa significano halving e mining, e perché non è scalabile.

3.1 COME FUNZIONANO I BITCOIN

Il Bitcoin circola nella Blockchain ed è la sua Criptovaluta nativa. Viene offerto come ricompensa ai nodi che certificano le avvenute transazioni nella Blockchain. Non sto però qui a ripetermi su come funzioni la Blockchain e la sua rete P2P perché già abbondantemente illustrata nel primo capitolo, ti ricordo solo che la Blockchain funziona permettendo una gestione digitalizzata della valuta senza il controllo di una banca centrale, come oggi accade in tutti i paesi del mondo. Ciò significa che questa valuta e tutte le informazioni ad essa connesse, sono contenute in migliaia di computer collegati in rete tra loro, rese "illeggibili" grazie alla crittografia. Questo sistema garantisce la tracciabilità delle transazioni. La generazione di nuove criptomonete e la loro distribuzione, senza rivelare i dati sensibili delle persone coinvolte nello scambio.

Una volta comprati, i Bitcoin vengono depositati in un Wallet (portafoglio virtuale) che puoi tenere sul web oppure sul tuo computer.

La Transaction Chain collabora con la Blockchain, comunicando al sistema del nostro Wallet le procedure per l'inserimento dei nuovi Bitcoin che abbiamo acquistato. Essa infatti traccia le transazioni eseguite in modo che il pagamento si trasformi automaticamente in valuta nel nostro portafoglio virtuale. Ogni operazione verrà registrata all'interno del registro della Transaction Chain, grazie ai vari nodi. I Bitcoin possiedono valore e vengono scambiati tra le parti. Puoi utilizzare i tuoi Bitcoin per acquistare beni e servizi online oppure puoi metterli via come investimento fututo, dato che il loro valore aumenterà nel corso degli anni.

Le principali caratteristiche del Bitcoin sono:

- 21 milioni → numero massimo unità di Bitcoin che potranno essere messe in circolazione, non una di più;

- Il codice sorgente → è sempre accessibile a tutti;

- Partecipazione alla rete → nessuno può escludere nessuno, tutti possono partecipare alla rete;

- Identificazione → non è richiesta alcuna identificazione per partecipare alla rete Bitcoin;

- Ogni unità è intercambiabile;

- Validità delle transazioni → nessuno può proibire o censurare le transazioni:

- Conferma delle transazioni → la storia è indelebile ed non possono essere modificate o cancellate le transazioni;

Alcuni dei principali vantaggi del Bitcoin sono:

- Nessun controllo da organi centrali → banche e altre autorità non ne controllano il valore, ma è dato dalla quantità di monete in circolazione (in tutto appunto saranno 21 milioni);

- Nessun modo di falsificarli → a causa della gestione decentralizzata e distribuita di milioni di computer dentro alla Blockchain, qualcuno noterebbe sicuramente l'introduzione di false monete;

- Nessun barriera geografica → chiunque può pagare o ricevere un pagamento in BTC, ovunque si trovi nel mondo;

- Transazioni economiche → non c'è bisogno di alcun intermediario per effettuare il pagamento, eliminandone i costi di servizio;

- Transazioni sicure → grazie alla crittografia, le informazioni e le transazioni sono molto più sicure rispetto a ciò che avviene all'interno delle banche;

- Transazioni trasparenti → essendo in una rete open source, tutti possono vedere le transazioni e proporre miglioramenti nella rete stessa

Alcuni degli svantaggi del Bitcoin sono:

- Difficoltà di accettazione dei Bitcoin → non sono ancora molti i venditori che accettano pagamenti in BTC o altre Crypto;

- Problemi di utilizzo → non c'è una vera e propria regolamentazione riguardo il suo utilizzo, potrebbe creare sfiducia nel loro utilizzo;

- Grande volatilità → la quotazione del BTC è sempre oscillante ed il suo valore varia molto anche nell'arco di poco tempo;

- Incentivazione del mercato nero → per le sue caratteristiche, si dice che io BTC sia stato usato per il contrabbando di armi e di droga, ed in generale per gli acquisti al mercato nero.

3.2 SCARSITÀ DEL BITCOIN E IL MINING

3.2.1 CREAZIONE DEL BITCOIN E FORNITURA MASSIMA

Innanzi tutto occorre dare alcune definizioni:

- *Circulating supply (offerta circolante):* il numero di criptomonete o Token che sono state minate e quindi che circolano nel mercato.

- *Total supply (offerta totale):* la quantità totale di criptomonete esistenti al momento (data dalla somma dell'offerta circolate + le Crypto minate ma non ancora messe in circolazione nel mercato).

- *Max Supply (offerta/fornitura totale):* la quantità

massima di criptomonete che esisterà mai nella vita di una Criptovaluta.

Per la nota legge della domanda e dell'offerta, minore è l'offerta e maggiore la domanda, più alto sarà il valore di una criptomoneta. Alcune Criptovalute sono disponibili in numero limitato come il BTC, altre non hanno una soglia massima, ma possono essere bloccate e poi immesse nel mercato da una società, come l'XRP di Ripple. In questo caso si parla di "fornitura".

Nel caso del Bitcoin la fornitura massima di Bitcoin è 21.000.000, mentre l'offerta circolante è circa 19.000.000, con una capitalizzazione di oltre 1.100.000.000.000$!!!

Ricorda che per "capitalizzazione" si intende il valore totale di tutti i Bitcoin che sono stati sottoposti a mining. Viene calcolata moltiplicando il numero di BTC in circolazione per l'attuale prezzo di mercato di un singolo BTC.

Si dice che una Crypto sia progettata per non raggiungere mai la sua offerta massima, ma questa informazione va in contrasto con quanto detto da Satoshi: nel 2140 il Bitcoin raggiungerà la sua offerta massima di 21.000.000.

In realtà, ogni 4 anni le ricompense del blocco diminuiscono (vedi il capitolo sull'Halving), perciò i miners guadagneranno sempre meno per ogni blocco validato e non sarà più conveniente minare BTC. Questa motivazione e la certezza che alcuni BTC sono stati persi nel tempo, non permetteranno mai il raggiungimento dell'offerta massima.

Per Ethereum invece non è così, perché è una criptomoneta con offerta illimitata. Questo non significa che il suo valore sia minore rispetto ad una Criptovaluta limitata, perché in caso di perdita eccessiva, diminuirà la velocità di rilascio di Ethereum, facendogli acquistare più valore → legge della domanda e dell'offerta (meno criptomoneta circola, più vale).

Ecco dove è possibile trovare informazioni sull'offerta del Bitcoin e delle altre Criptovalute:

Coinmarketcap.com → da indicazioni dell'offerta massima, offerta totale e offerta attuale per ogni criptomoneta

Bitcointalk.org → annuncia le nuove Altcoin con informazioni sulle loro offerte massime

Sito web ufficiale della Crypto → oltre alle informazioni sull'offerta massima, totale e circolante, si possono trovare tutte le altre informazioni e risorse relative a quella Crypto per conoscerla, acquistarla, scambiarla o farci trading.

3.2.2 IL MECCANISMO DI MINING

Con il termine "mining" ci si riferisce all'operazione di esecuzione dei calcoli necessari per validare le transazioni all'interno della Blockchain. I miners (i "minatori" che elaborano quei calcoli) vengono ricompensati per la validazione creando ("minando") nuovi Bitcoin e assegnandoli ai miners stessi.

Per far ciò servono PC dotati di processori grafici notevolissimi.

I miners acquistano PC potentissimi, fanno eseguire ai propri processori e schede video un'attività mediante alcuni programmi, consumano moltissima elettricità e creano Criptovalute: in cambio di ogni blocco creato, hanno diritto proprio ad un compenso in Bitcoin o frazione di Bitcoin (o di altra Criptovaluta).

Tempo fa questa operazione era molto conveniente, oggi invece si incontrano 3 ostacoli:

1- viene richiesta sempre più potenza di calcolo ad ogni pc;

2- per minare un Bitcoin ci vuole sempre più tempo, proprio perché ci sono più risorse impegnate a farlo (legge della domanda e dell'offerta);

3- al massimo si potranno minare 21 milioni di BTC e quindi più ci si avvicina a questo numero, più diventa difficile l'operazione di estrazione dei Bitcoin: mining appunto.

Poiché il mining individuale è diventato quasi impossibile, molti miner scelgono di unirsi in una *mining pool* per aumentare le proprie possibilità di ottenere una ricompensa per blocco (block reward). Essa viene poi condivisa proporzionalmente tra i membri della mining pool.

Sembrerebbe profittevole minare Bitcoin in una mining pool, ma per capire se fa per te, vediamo brevemente come funziona.

Quando un utente crea una transazione con i Bitcoin, il miners deve verificare e confermare la validità. Per farlo deve trovare un block hash, cioè una stringa di numeri e lettere univoca per il blocco in cui verrà scritta quella transazione.

Un esempio di block hash potrebbe essere questo:

00000000000000000c57d45aa567214bb852a34cca9452c4625ac4b68134 8.

Esso deve contenere anche block hash del blocco precedente ed i dati del blocco candidato alla validazione.

La quantità di zeri davanti alla stringa cambia in base alla difficoltà di mining (Proof of Work). Un hash di blocco valido significa che il miner ha convalidato quel blocco. Appena un miner trova un hash valido, può convalidare il blocco candidato e ricevere la ricompensa in Bitcoin, nuova criptomoneta appena generata.

Questa ricompensa era di 50 BTC nel 2009 e viene dimezzata ogni 210.000 blocchi, circa ogni quattro anni (halving). A metà 2021 la ricompensa è di circa 6,25 BTC corrispondenti a circa 300.000$. Quindi si prevede che il prossimo halving si verificherà nel 2024.

Di contro a questi guadagni, bisogna considerare anche le spese ingenti di energia elettrica necessarie a far funzionare le macchine della mining pool. Se si spendono più soldi in elettricità rispetto a quanto viene guadagnato, la redditività ovviamente sarà nulla.

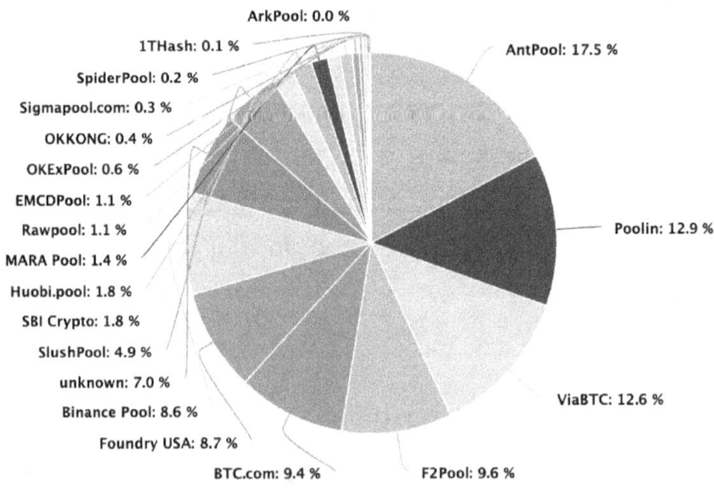

Mining Pool	Sede	% di Estrazione 2021
Antpool	Cina (proprietà di BitMain)	0,17
ViaBTC	Cina	0,13
Poolin	Cina	0,13
F2pooL	Cina	0,1
Binance Pool	Malta (di proprietà di Binance)	0,09
BTC.com	pool di mining pubblico	0,09
Fonderia USA	Stati Uniti (di proprietà della società blockchain tedesca Foundry Digital)	0,09
Granita - Slush Pool	Cina	0,05
Piscina Huobi	Cina	0,02
SBI Cripto	glAPPONE	0,02

L'alternativa al mining è di acquistare i Bitcoin da chi già li possiede e li vende in cambio di valuta corrente. Sarà poi possibile utilizzarli su molte piattaforme che generano acquisti e stanno sempre più aumentando i servizi ed i prodotti che li richiedono tra le varie possibilità di pagamento

Moltissime persone acquistano i Bitcoin con il semplice obiettivo di specularvi per via del loro valore, in crescita esponenzialmente. Perciò possiamo parlare di un investimento sicuro e ad altissimo rendimento.

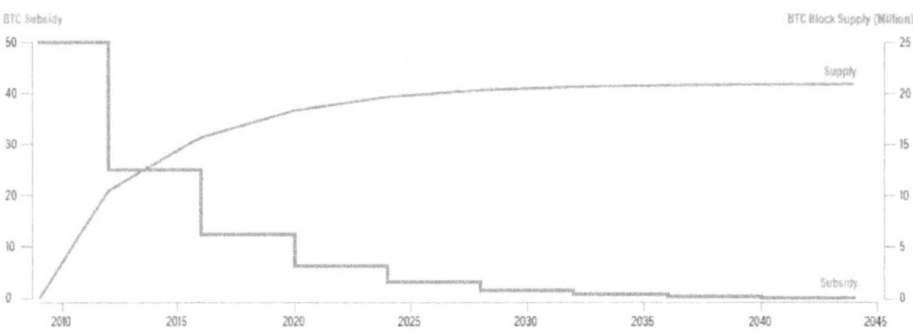

Questa difficoltà sempre più crescente di minare i bitcoin è causata da ciò che viene chiamato "Halving".

Abbiamo già detto che esistono solo 21 milioni di Bitcoin e che si producono risolvendo calcoli matematici estremamente difficili.

Satoshi Nakamoto sentenziò: "In totale esisteranno 21.000.000 di coins. Saranno distribuiti ai nodi del network quando creano i blocchi, con l'ammontare diviso a metà ogni 4 anni"

Perciò, facendo bene i conti, ogni 210.000 blocchi minati (circa ogni 4 anni), questa ricompensa si riduce della metà → Halving (dall'inglese "to halve" = dimezzare).

Nel 2020 abbiamo assistito all'ultimo Halving, che ha fatto scendere il guadagno dei minatori a soli 6,25 BTC per ogni blocco validato, quando nel 2009 il guadagno era addirittura di 50 BTC! Nello specifico il guadagno dei minatori era di 50 BTC nel 2009 e viene dimezzata ogni 210.000 blocchi, nel 2012 era di 25 BTC (metà dei 50 del 2009), nel 2016 12,5 BTC, nel 2020 6,25 BTC. Si prevede che il prossimo halving si verificherà nel

Years	Years since Inception	Total # of Blocks	Block Reward (BTC)	Total Mined BTC	% of Total Mined
2008 - 2012	0 - 4	210,000	50.00000000	10,500,000.000	50.00000000%
2012 - 2016	4 - 8	420,000	25.00000000	15,750,000.000	75.00000000%
2016 - 2020	8 - 12	630,000	12.50000000	18,375,000.000	87.50000000%
2020 - 2024	12 - 16	840,000	6.25000000	19,687,500.000	93.75000000%
2024 - 2028	16 - 20	1,050,000	3.12500000	20,343,750.000	96.87500000%
2028 - 2032	20 - 24	1,260,000	1.56250000	20,671,875.000	98.43750000%
2032 - 2036	24 - 28	1,470,000	0.78125000	20,835,937.500	99.21875000%
2036 - 2040	28 - 32	1,680,000	0.39062500	20,917,968.750	99.60937500%
2040 - 2044	32 - 36	1,890,000	0.19531250	20,958,984.375	99.80468750%
2044 - 2048	36 - 40	2,100,000	0.09765625	20,979,492.188	99.90234375%
2048 - 2052	40 - 44	2,310,000	0.04882813	20,989,746.094	99.95117188%
2052 - 2056	44 - 48	2,520,000	0.02441406	20,994,873.047	99.97558594%
2056 - 2060	48 - 52	2,730,000	0.01220703	20,997,436.523	99.98779297%
2060 - 2064	52 - 56	2,940,000	0.00610352	20,998,718.262	99.99389648%
2064 - 2068	56 - 60	3,150,000	0.00305176	20,999,359.131	99.99694824%
2068 - 2072	60 - 64	3,360,000	0.00152588	20,999,679.565	99.99847412%
2072 - 2076	64 - 68	3,570,000	0.00076294	20,999,839.783	99.99923706%
2076 - 2080	68 - 72	3,780,000	0.00038147	20,999,919.891	99.99961853%
2080 - 2084	72 - 76	3,990,000	0.00019073	20,999,959.946	99.99980927%
2084 - 2088	76 - 80	4,200,000	0.00009537	20,999,979.973	99.99990463%
2088 - 2092	80 - 84	4,410,000	0.00004768	20,999,989.986	99.99995232%
2092 - 2096	84 - 88	4,620,000	0.00002384	20,999,994.993	99.99997616%
2096 - 2100	88 - 92	4,830,000	0.00001192	20,999,997.497	99.99998808%
2100 - 2104	92 - 96	5,040,000	0.00000596	20,999,998.748	99.99999404%
2104 - 2108	96 - 100	5,250,000	0.00000298	20,999,999.374	99.99999702%
2108 - 2112	100 - 104	5,460,000	0.00000149	20,999,999.687	99.99999851%
2112 - 2116	104 - 108	5,670,000	0.00000075	20,999,999.844	99.99999925%
2116 - 2120	108 - 112	5,880,000	0.00000037	20,999,999.922	99.99999963%
2120 - 2124	112 - 116	6,090,000	0.00000019	20,999,999.961	99.99999981%
2124 - 2128	116 - 120	6,300,000	0.00000009	20,999,999.980	99.99999991%
2128 - 2132	120 - 124	6,510,000	0.00000005	20,999,999.990	99.99999995%
2132 - 2136	124 - 128	6,720,000	0.00000002	20,999,999.995	99.99999998%
2136 - 2140	128 - 132	6,930,000	0.00000001	20,999,999.998	99.99999999%

Eccoti altri numeri interessanti: il Bitcoin è nato nel 2009, e il 17 agosto 2010 è stato venduto il primo scambio con questa Criptovaluta. Il valore di un Bitcoin allora è stato di appena 0,0769$, cioè meno di 1 centesimo di dollaro. Il Bitcoin è riuscito ad arrivare al valore di 1$ americano solamente il 1' febbraio 2010. Dopo 10 anni, a fine 2021 un Bitcoin ha superato il valore di 55.000$ e sta ancora salendo.

Per scalabilità di un sistema si intende la sua capacità di migliorare per soddisfare l'aumento di domanda al suo interno. Ad esempio, un programma informatico sarebbe scalabile se esistessero nuovi aggiornamenti che lo rendono più veloce da utilizzare.

Nella Blockchain la scalabilità è data dall'aumento di velocità nel gestire le transazioni.

Il Bitcoin invece, non è scalabile in quanto non è né facile né veloce perché non è gestito in maniera centralizzata, ma ogni nodo è chiamato a sincronizzare una copia della Blockchain in cui sono registrate le sue transazioni.

Ecco i principali problemi di scalabilità del Bitcoin:

Basso throughput → E' la capacità di elaborare determinate transazioni al minuto. Più in particolare, ogni nodo può elaborare un numero limitato di transazioni, altrimenti il database al suo interno diventerebbe troppo grande per la macchina che lo ospita. Inoltre se il database fosse troppo pesante, sarebbe difficile e lento da trasmettere agli altri nodi. Questo significa che non tutte le transazioni vengono elaborate subito, ed alcune vengono congelate e messe in coda per aspettare di rientrare in blocchi successivi.

Transazioni lente → Come già detto in precedenza su Blockchain che utilizzano un metodo di consenso (cioè il processo utilizzato per decidere se una transazione è considerata valida o meno) del Proof of Work, le transazioni hanno tempistiche molto lente. In alcuni casi si deve attendere anche oltre 30 minuti per completare una transazione.

Commissioni → Per essere sicuri di vedere la propria transazione convalidata ed entrare nel primo blocco disponibile si offre al miner una commissione più alta, quindi chi paga di più passa per primo!!

Come ha detto Vitalik Buterin, il creatore di Ethereum, bisogna trovare un compromesso tra scalabilità, decentralizzazione e sicurezza, stando attenti a non voler aumentare troppo le prime 2 a discapito dell'ultima. La Blockchain è nata per tenere al sicuro informazioni e notizie e quindi non si può prescindere da essa.

Per questo motivo sicurezza e decentralizzazione possono essere massimizzate sulla Blockchain, mentre la scalabilità può essere raggiunta solo off-chain.

Off-chain (fuori catena) sono le transazioni che si verificano al di fuori di una determinata rete Blockchain, senza appesantirla troppo. Successivamente verranno raggruppate insieme e segnalate prima di essere inviate alla catena principale.

Gli utenti possono trasferire fondi tra di loro utilizzando una Side-chain, cioè una "catena laterale" cioè una Blockchain alternativa che viene utilizzata per migliorare le prestazioni di una Blockchain già esistente. La Sidechain è connessa con una Blockchain esistente, la Main-chain, e può interagire con essa.

Un altro modo per rendere scalabile la Blockchain sarebbe di modificare il metodo di consenso da Proof of Work (POW) a Proof of Stake (POS). Nel POS i blocchi non vengono minati dai miner ma vengono coniati dai validator. In questo caso non sono più richiesti tutti i calcoli crittografici ma il POS è basato sul principio che a ogni utente venga richiesto di dimostrare il possesso di un certo ammontare di criptovaluta.

WALLET, EXCANGE, BROKER E COSA POSSIAMO FARE

4

olti si chiedono se si può guadagnare con le Criptovalute: ovviamente sì, e di fatto gli investimenti in Criptovalute sembra essere la moda del momento. Studiare, impegnarsi e conoscere approfonditamente cosa è possibile fare con queste monete per guadagnare e sfruttare al meglio il trading on line delle Criptovalute, sono i requisiti fondamentali per avere successo. Sicuramente c'è chi ha fatto molti soldi con le Criptovalute, e c'è anche chi ne ha persi altrettanti perché sprovveduto. I neofiti che si avvicinano a questo mondo potrebbero essere diffidenti e pensare che non sia sicuro, viste le prime truffe del 2017, invece si tratta di operazioni semplici ma allo stesso tempo affidabili e sicure. Basta conoscerne gli aspetti più importanti e tutto andrà nel migliore dei modi. L'importante, come è già stato detto in precedenza, è stare lontano da chi offre facili guadagni con poco investimento e poca fatica: si tratta di vere e proprie truffe. Nelle prossime pagine, andremo nel pratico e partiremo da zero impostando le basi per il tuo inizio nel mondo degli investimenti in Criptovalute. Creeremo insieme gli strumenti necessari ad operare e ti spiegherò cosa significa investire in Criptovalute, dove comprarle, ma soprattutto in che modo investire e quando. Tengo a precisare che, NON essendo un libro dedicato totalmente agli investimenti finanziari e agli investimenti in Criptovalute, toccherò tutti gli argomenti in modo che tu abbia le basi per comprenderli e per iniziare ad operare.

Ma partiamo dall'inizio e vediamo cosa è necessario sapere e avere per effettuare i primi passi da trader…

Uno dei vantaggi delle Criptovalute è quello di non maneggiare soldi "fisici", banconote o monete che siano, né di avere un conto corrente presso uno dei tanti operatori bancari a disposizione. Come ormai ben sai, tutto viene gestito in rete: è denaro virtuale. Dal momento che tutto è digitalizzato, anche il portafoglio deve essere altrettanto virtuale.

Un Wallet di Criptovalute o Crypto Wallet, dotato di un proprio indirizzo composto da lettere e numeri molto simile ad un indirizzo IBAN. E' quindi un portafoglio elettronico da usare per accumulare e tutelare le nostre Criptovalute e può essere sia online che offline. Offline, quando il Wallet è un programma che ti scarichi nel computer e lo mantieni in locale, Online invece quando il Wallet è sul web o più propriamente su un sito internet che offre appunto questo servizio. Possiamo definirlo una sorta di conto corrente, ma senza il coinvolgimento delle banche. Grazie al sistema di protezione composto da chiavi e crittografie presente all'interno del Wallet, puoi comunicare con la Blockchain ed eseguire delle transazioni con le criptomonete. Possono essere di due tipi; online o locali.

In più, per una maggiore tranquillità, i servizi di Wallet mantengono l'anonimato degli utenti, nascondendo la loro identità e garantendo la possibilità di effettuare transazioni senza nome.

Il processo per memorizzare le proprie Criptovalute su un Wallet locale o hardware è chiamato *cold-storage* (conservazione a freddo) e mette al sicuro le proprie Criptovalute dal rischio di essere rubate, ma non dal rischio di perderle qualora non riusciate più ad avere accesso al Wallet, ad esempio a causa della perdite delle proprie credenziali di accesso al Wallet stesso. Il processo per conservare su internet le proprie Criptovalute su un Wallet online è chiamato *hot-storage* e il rischio che venga rubata è concreto.

I Wallet oltre a conservare Criptovalute devono comunicare con la Blockchain inviando e ricevendo Token (spiegheremo fra un attimo il significato di questa parole) in maniera rapida, sicura e intuitiva. Ogni Wallet ha un indirizzo pubblico che corrisponde ad un codice alfanumerico, che a sua volta rappresenta una posizione sulla Blockchain. Questo indirizzo pubblico è comunicato agli Exchange (uffici di cambio virtuale) per ricevere le criptomonete acquistate.

Ogni Wallet ha una 2 chiavi: una *pubblica* e una *privata*. Quella pubblica serve per interagire con la controparte (serve per ricevere denaro durante le varie transazioni), la seconda invece dà l'accesso vero e proprio al proprio Wallet da qualsiasi dispositivo. E' facile intuire che come la chiave privata non debba mai essere condivisa e diffusa per tutelare la propria privacy ed il proprio capitale.

Per effettuare transazioni di pagamento invece, occorre conoscere l'indirizzo di ricezione del destinatario e quindi la sua chiave pubblica.

Poiché una delle caratteristiche principali della Blockchain è l'immutabilità del suo registro (*Registro append-only*), è bene prestare sempre molta attenzione all'indirizzo che viene fornito, le transazioni sono irreversibili!

Alcuni dei criteri per la scelta del proprio Wallet sono:

- *sicurezza* → bisogna avere un Wallet sicuro in modo

che nessun hacker possa risalire ai dati personali come nome, numero di cellulare e conto corrente; perciò si consiglia di optare per un Wallet offline, più difficilmente attaccabile da un hacker.

* *facilità d'uso* → è meglio scegliere un Wallet che offra una guida o un tutorial sul suo utilizzo, e che offra assistenza per i primi investimenti.

* *gestione di diverse Criptovalute* → è sconsigliato partire da un Wallet che gestisce solamente Bitcoin, ma viceversa consigliamo di puntare fin da subito su un Wallet che supporta più Criptovalute. Così sarà possibile investire su criptomonete diverse o scambiarle tra di loro.

* *operazioni e commissioni* → per non avere sgradevoli sorprese in futuro, prima di iscriversi ad un servizio di Wallet è opportuno leggere attentamente le condizioni di utilizzo e conoscere quante operazioni gratuite è possibile fare e la percentuale di commissioni applicate. In questo modo potete fare un confronto tra i Wallet disponibili nel mercato e scegliere quello preferito.

* *capienza* → ogni Wallet ha sempre un determinato limite di dati. Quando questo limite viene superato, i dati presenti si iniziano a sovrascrivere perdendo di norma i dati cronologicamente più vecchi. Occorre quindi prevedere backup continui anche se nelle Criptovalute resta sempre traccia delle operazioni fatte.

Sul mercato in questi anni i servizi legati alla Blockchain e più generale alle Criptovalute si sono moltiplicati e su internet la scelta di servizi di questo tipo proprio non manca. Di seguito troverai quelli che per me sono le migliori soluzioni per iniziare ed aprire il tuo Crypto Wallet, quasi tutti sono dotati di guide e tutorial per diventare degli esperti investitori. Come vedrai sono anche i più conosciuti.

4.2.1   ETORO

E' nato come piattaforma di trading online, ma negli ultimi anni consente anche gli scambi di Criptovaluta con portafogli digitali dedicati. Si ha accesso a tutorial e guide e si possono persino seguire gli investimenti di persone più esperte.

Permette di gestire più di 120 Criptovalute anche da smartphone, contiene più di 500 asset ed ha commissioni poco costose rispetto al mercato. Si può utilizzare sia su smartphone Android che Apple. Questo Wallet ha più di 20 milioni di clienti, prevede un deposito minimo di 50$ ed ha le commissioni più basse tra i Wallet.

4.2.2   BINANCE

E' indicato per piccoli investitori che non vogliono vedere il proprio profitto intaccato da commissioni troppo alte. Permette di investire e scambiare oltre 150 criptomonete, tra cui: Bitcoin, Ethereum, Ripple, etc. e prevede un deposito minimo di appena 1€.

4.2.3   COINBASE

Si collega direttamente al conto corrente; si parte solo con i Bitcoin e quando si diventa più esperti si possono scambiare Criptovalute, senza cambiare Wallet, ma solo piano di abbonamento. Si può utilizzare direttamente da smartphone, con le app dedicate per Android e iOS. E' consigliato ai neofiti in quanto è insieme Wallet & Exchange, quindi più facile da usare, anche se prevede commissioni più alte. Qui le Criptovalute supportate sono più di 60 ed il deposito minimo è 10$.

4.2.4   CONIO

Non prevede di essere collegato ad alcun conto corrente, perciò è molto sicuro. Prevede 3 livelli di app, tutte in italiano e chi fa mining non paga le commissioni del Wallet. Per imparare ad utilizzarlo e ad investire si possono utilizzare i tutorial o il servizio di assistenza via mail o telefono.

4.2.5   CRYPTO.COM

Permette di gestire oltre 200 Criptovalute e per i primi 30 giorni non applica commissioni. E' una tra le piattaforme più sicure ed affidabili del momento per acquistare o vendere Criptovalute, oltre ad essere estremamente facile ed intuitiva. Inoltre, per invogliare ad iscriversi, regala a tutti i nuovi iscritti 25$ per iniziare ad investire.

4.2.6   SPECTROCOIN

Anche questo Wallet può considerarsi un Exchange. Sfruttando un'avanzata tecnologia offline consente di proteggere le Criptovalute dal Wallet da eventuali attacchi di hacker. Prevede una carta prepagata per effettuare pagamenti o per prelevare dagli ATM e delle API in modo da gestire in maniera personalizzata i Wallet di Bitcoin.

4.2.7 POLONIEX

E' una società di investimenti in Criptovaluta che garantisce alla sua clientela alcuni programmi di alto profilo per sostenerli nelle sessioni di trading in modo redditizio. Grazie al trading a margine i suoi clienti possono fare trading con fondi presi in prestito, il tutto con commissioni bassissime.

4.3   ESEMPIO PRATICO DI APERTURA WALLET

Un Wallet si può aprire con un semplice indirizzo e-mail.

Per l'apertura del tuo primo Wallet ti consiglio di farlo su Coinbase perché è il sito più semplice e più usato.

1. Collegati al sito www.coinbase.com oppure Scarica l'applicazione per Android o iOS

2. Dal sito clicca sull'icona Sign up che trovi in alto a destra ed inserisci nome, cognome, email e password (creala ben sicura Come ti è stato spiegato in precedenza!!!)

3. Se la tua password è abbastanza complicata e non riproducibile allora potrei procedere con la registrazione

4. Attendi la conferma d'iscrizione direttamente nella tua email e

5. Fai il primo accesso alla tua Dashboard e Seleziona la lingua desiderata in basso a destra

6. Clicca sull'icona impostazioni e Inserisci subito anche il

numero di cellulare che Coinbase utilizzerà per comunicare un codice univoco tramite SMS che ti permetterà di sapere che sei l'unico ad accedere con questo account

7. Per un'ulteriore sicurezza ti consiglio di abilitare la doppia autenticazione scaricando il programma come authenticator, che ti fornirà un'ulteriore codice istantaneo da inserire in condivisa al momento del login

8. Inserisci su Coinbase un documento, patente o carta d'identità) per verificare la tua identità

9. Aggiungi al tuo account i tuoi conti collegati: carta di credito, carta prepagata, conto corrente, etc. Maggiore sarà il numero dei conti collegati Maggiore sarà la quantità di Criptovalute che puoi comprare e vendere

10. Ora possiedi un tuo portafoglio elettronico e potrai cominciare ad acquistare e vendere Criptovalute.

Dato che l'apertura di un Wallet richiede una password molto molto sicura, eccoti alcuni consigli da seguire nel mondo della Blockchain, puoi in generale farle tue ed utilizzarle anche al di fuori del mondo Crypto.

Sempre più spesso ci troviamo costretti a creare password complicatissime, con lettere maiuscole, minuscole, numeri, simboli e non sappiamo più come comporla!

Allora inseriamo numeri, date di nascita, ma questo non rende assolutamente la password sicura perché chiunque potrebbe indovinarla.

Ad esempio, se il tuo cane si chiama Asso e tu sei nato nel 1975, puoi scrivere asso1975.... password facilmente scopribile.

Se invece scrivessi A$$o1075 sarebbe un po' più sicura, ma non abbastanza nel mondo delle Criptovalute dove gira parecchio denaro e dove ci sono sempre più hacker pronti a svuotare il tuo Wallet.

Per aiutarti a generare un'eccellente password sicura ci sono dei siti appositi che generano password lunghissime. Ovviamente non riuscirai a ricordarti password così grandi perciò ti consiglio di tenerle tutte scritte in un'agenda o memorizzate in un dispositivo, che non dovrai perdere per nessun motivo.

4.4   I MIGLIORI WALLET HARDWARE PER CRIPTOVALUTE

Esistono anche Wallet hardware per Bitcoin e altre criptomonete: sono "semplici" chiavette USB che contengono tutti i dati del portafoglio virtuale. Quando serve effettuare delle operazioni, basta collegare la chiavetta al PC ed investire; quando si ha finito, si toglie la chiavetta.

Questi Wallet hardware si vendono online e la prima volta che si usano bisogna installare un software o un'app, che serve da collegamento per poter utilizzare la chiavetta. Essa dispone anche della connessione Bluetooth, qualora ci fosse la necessità di gestire le proprie operazioni da smartphone

Ecco i migliori Wallet hardware per Criptovalute in circolazione.

4.4.1 NANO X DI LEDGER

Per utilizzarla occorre installare il suo programma, che si chiama Bolos. Funziona sia su Windows sia su Mac IOS, può gestire più di 1100 Criptovalute e registrarne ben 100. La confezione è composta da: chiavetta, cavetto di collegamento al computer, libretto di istruzioni, 3 chiavi (utili in caso di perdita della password).

4.4.2 TREZOR

Funziona su Windows, su Mac e su Android, ma non su IOS. Si può gestire anche con estensione di Google Chrome. Se c'è una scarsa accessibilità dalla rete che non è utilizzabile per gestire le transazioni che vogliamo, si predispone per un accesso immediato al primo dispositivo connesso che di fatto diventa subito operativo per completare la procedura. Non ha codice seriale, ma le password si possono sbagliare per 30 volte prima di bloccarlo.

4.4.3 BITBOX

Non è molto popolare, ma sicuramente prenderà piede in futuro. E' un dispositivo sicuro e leggero, pratico e maneggevole. Anche se supporta meno Criptovalute degli altri Wallet hardware, può vantare un incredibile rapporto qualità/prezzo.

Ogni Wallet hardware prevede un PIN, codice che ha una

lunghezza media di 8 o massimo 10 cifre in base ai modelli, per impedire agli hacker o a utenti sconosciuti di entrare. Se si sbaglia più di 3 volte il PIN occorre ripristinare la chiavetta con il Recovery SPEED, la chiave di sicurezza. Essa contiene da un minimo di 12 a un massimo di 24 parole di lingua inglese, quindi conviene trascriverla e non perderla, perché altrimenti non si potrà recuperare il Wallet hardware e tutte le Criptovalute contenute al suo interno si perderanno per sempre.

4.5   DOVE SI COMPRANO LE CRIPTOVALUTE

Sappiamo molto sul denaro, fisico e digitale, ma dove possiamo comprare le criptomonete?

Si possono utilizzare questi due strumenti fondamentali che vedremo fra un attimo: gli *Exchange* o i *Broker*. L'utilizzo dell'uno o dall'altro strumento dipende dal tipo di operazione che si vuole finalizzare.

ATTENZIONE: non serve che dica che dovete fare estremamente attenzione a servirvi solo dai siti certificati per poter compiere transazioni sicure e senza commissioni. Ne va del vostro capitale!

4.5.1   EXCHANGE

Un Exchange è uno strumento connesso alle Criptovalute. Si tratta di una piattaforma che permette di scambiare, acquistare e vendere criptomonete e di realizzare un profitto, dietro pagamento di una piccola commissione.

Per fare ciò si può tranquillamente utilizzare il denaro reale. Basterà depositare il denaro o un altro fondo sul tuo Wallet.

Quindi effettuerai un ordine di 'acquisto' sull'Exchange, cioè una richiesta di acquisto Criptovaluta ad un prezzo. Il tuo e tutti gli altri ordini di 'acquisto' e 'vendita' vengono aggiunti al 'libro degli ordini', che è un elenco delle quantità di criptomoneta che tutti i trader vogliono 'comprare' e 'vendere', e di tutti i prezzi che stanno cercando. L'Exchange agisce come raccordo tra l'acquirente e il venditore della criptomoneta.

A differenza delle borse tradizionali, che hanno specifici orari di negoziazione delle azioni, gli Exchange di Criptovaluta sono attive 24 ore su 24, 7 giorni su 7.

Le piattaforme che offrono questi servizi sono diverse per: commissioni differenti, numero di Crypto su cui operare, caratteristiche della piattaforma.

Tieni bene a mente che gli Exchange non sono regolamentati come i Broker (piattaforme di trading online), quindi devi utilizzare solo quelli più affidabili, per evitare di ritrovarsi coinvolto in una truffa.

Ad esempio, si può tenere sotto controllo il rischio di perdita del capitale grazie al Social Trading di eToro, cioè un sistema dove si può discutere con gli altri investitori e clienti eToro, ma anche verificare personalmente le strategie e osservare le mosse dei trader migliori. E' possibile sfruttare questo servizio nel conto demo, perciò quando si passerà al vero conto, non si potranno più fare "prove", ma bisognerà valutare bene quali operazioni effettuare.

Coinbase invece, è una piattaforma online per scambiare Criptovalute con Euro. È molto facile accedervi per nuovi utenti in quanto mette a disposizione pannelli semplificati per l'accesso, l'acquisto e la gestione del portafoglio. Gli utenti più esperti avranno a disposizione anche un'interfaccia di trading avanzato.

Tra i migliori Exchange troviamo oltre ai già noti eToro e Coinbase troviamo altri nomi.

IQ Option → è attualmente una delle migliori piattaforme dal punto di vista grafico, con un'interfaccia semplice con cui effettuare trading sui prezzi delle Criptovalute. Richiede un deposito minimo solo di 10€ ed accetta PayPal come metodo di pagamento.

Supporta le seguenti Criptovalute: Bitcoin, Bitcoin Cash, Ethereum, Litecoin, Monero, Ethereum Classic, Dash, Ripple, Santiment, Iota, OmiseGo e ZCash.

XTB → per chi vuole iniziare ad investire in Criptovalute minimizzando al massimo il rischio di errore, è disponibile questa opzione. Un vantaggio enorme di questa piattaforma è la sua grandissima facilità d'uso e la possibilità di essere accompagnati da un tutor al telefono in maniera completamente gratuita.

Plus500 → Permette di utilizzare un conto demo gratuito e illimitato, uno strumento davvero molto utile per imparare ad effettuare il trading sulle Criptovalute senza perdere denaro. Anch'esso supporta PayPal.

Supposta le seguenti Criptovalute: Bitcoin, Bitcoin cash, Ethereum, Litecoin, Ripple, NEM, Dash, ma vi possibile investire anche su altri tipi di asset.

Un broker di Criptovalute funziona in modo analogo ai tradizionali broker, che ti permettono di negoziare su vari asset e/o commodities.

I broker di Criptovalute, oltre ad esporre tutte le criptomonete, offrono anche vari derivati: CFDs (Contratti Per Differenza), opzioni, futures, ecc. Infatti non sempre si acquistano Criptovalute sotto forma di Token, ma anche sotto forma di contratti strettamente legati alle valute virtuali.

Si parla di derivato quando il prodotto che stai scambiando non ha valore di per sé, ma deriva il suo valore da un altro asset. Quindi, non possiedi un asset ma speculi sul prezzo dell'asset stesso.

I Broker sono sempre regolamentati, ma per scegliere il migliore devi comunque valutarne: il grado di affidabilità, la veridicità della licenza, il costo delle commissioni e la presenza di un conto demo per esercitarsi. Inoltre la scelta del Broker dipende anche dalla tipologia di trading che vuoi fare: a lungo termine oppure speculativo, cioè quando si cerca di guadagnare da ogni fluttuazione disprezzo di una Criptovaluta.

Nel primo caso le operazioni da fare sono scambiare valuta FIAT per Bitcoin oppure Bitcoin per altre Criptovalute. Così avrai anche la possibilità di diversificare con più Criptovalute diverse.

Oltre alle Criptovalute i Broker possono offrire anche investimenti con i CFD (contratti per differenza), che sono dei derivati delle Criptovalute. Per derivato si intende che non Stai acquistando un prodotto che ha un valore di per sé ma deriva suo valore da un'altra parte quindi e tu guadagno sarà sulla speculazione del prezzo di un asset sottostante. Un asset sottostante potrebbe essere proprio la Criptovaluta.

Le transazioni derivati possono venire in due tipi di mercati: nei mercati centralizzati in cui i derivati sono negoziati su una borsa, oppure i mercati OTC (over the counter), che sono mercati non centralizzati in cui trovi proprio di broker.

Uno dei mercati più grandi è Forex. Qui i Broker ricevono quotazioni di mercato sui tassi di cambio e le vendono ai loro clienti. Il completo del broker è quello di mettere in contatto te, che vuoi fare trading con i CFD, con i fornitori di liquidità. Perciò se ti affidi ad uni di questi Broker avrai la possibilità di acquistare e vendere i CFD, realizzando un profitto una perdita sulla differenza tra il prezzo di acquisto e il prezzo corrente di mercato. Ed il tuo broker ci guadagnerà applicando uno spread sui prezzi di mercato che riceve dai fornitori di liquidità.

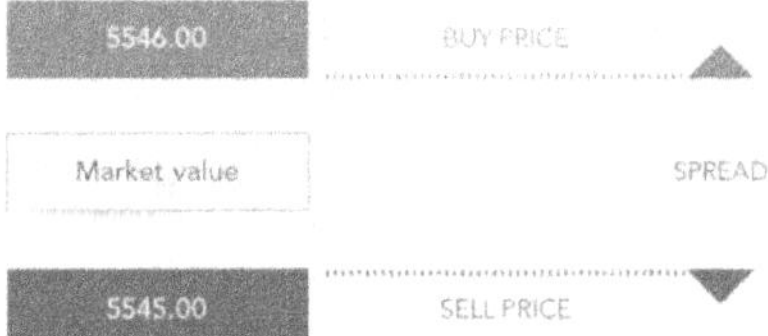

Ecco perché è molto importante scegliere bene il broker: più ci sa fare più guadagnerete entrambi!!!

Ovviamente il broker non ti chiederà di impegnare l'intero valore nel contratto, grazie all'effetto leva. Cioè ti basterà depositare una piccola (detta margine) quota per eseguire l'ordine. Ad esempio se il contratto per differenza è su un valore di 90.000$ e la leva utilizzata è 1:30, ti basterà in dire solamente $3000.

Per capire meglio come funziona i CFD e la leva, vedi l'esempio pratico di trading con i CFD. Alcuni dei migliori broker a cui puoi affidarti, oltre ai ben noti eToro e IQ option, puoi trovare i 3 riportati qui:

Capital.com: è broker con moltissimi titoli all'attivo; ti offre la possibilità di scambiare Criptovalute tra loro, oppure anche criptomonete con Euro

FP Markets: è un broker molto solido e sicuro con listini interessanti; ti dà la possibilità di scegliere la piattaforma di trading tra IRESS e MetaTrader.

Trade.com: è un broker molto forte e competitivo CFD ed ha spread competitivi con un buon assortimento di Criptovalute.

Riepiloghiamo quindi quali sono le principali differenze tra Exchange e broker trading.

Exchange → può essere considerato una sorta di ufficio di cambio virtuale, permette di convertire il denaro in Bitcoin o altre Criptovalute e di conservarlo nel proprio Wallet digitale, in attesa di rivenderlo. Si guadagna solo se il valore della Criptovaluta sale, mentre si perde se invece il valore della Criptovaluta scende. Ci sono commissioni per i prelievi, che di fatto diminuiscono il guadagno reale.

Broker trading → è una piattaforma di trading online che offre la possibilità di fare trading su più tipologie di asset; permette di investire sull'andamento del prezzo del Bitcoin o delle altre

Criptovalute utilizzando i contratti CFD. Qui è possibile guadagnare sia quando il valore della Criptovaluta sale sia quando il valore scende (vendita allo scoperto). Una differenza molto importante tra Broker ed Exchange è il fatto che i broker hanno l'obbligo di avere una licenza per operare.

4.6 ESEMPIO PRATICO DI APERTURA DI UN EXCHANGE

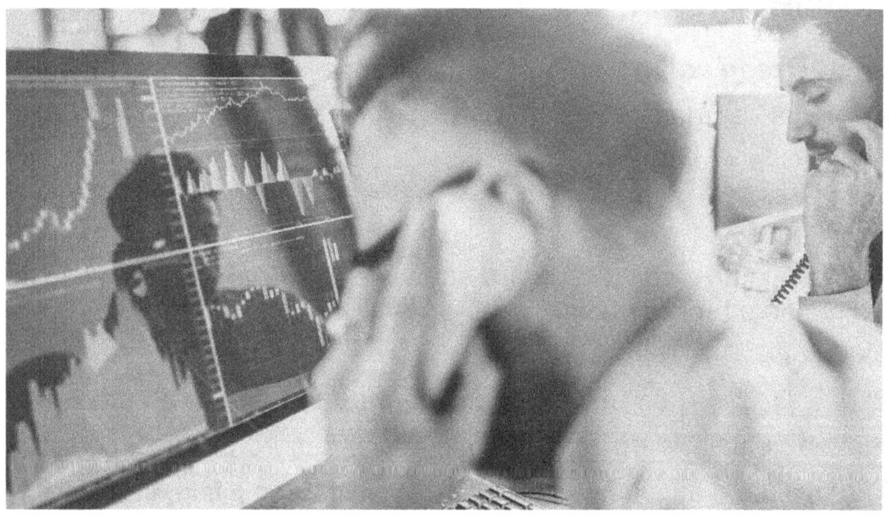

Non tutti i portali permettono di acquistare e vendere tutte le criptomonete, perciò dovrai affidarti ad un Exchange per poter scambiare più Criptovalute.

Siccome non esistono Exchange che permettono di scambiare tutte le Criptovalute dovrai controllare quale portale comprende le monete che interessano a te e per farlo potrai consultare il sito

Coinmarketcup. Puoi accedere a questo sito senza registrarti e visualizzare la lista di tutte le Criptovalute. Ad ogni Criptovalute sono associati tutti gli Exchange in cui è possibile acquistarla, oltre che tutte le informazioni di dettaglio della Criptovaluta stessa (andamento dell'ultimo periodo, sito ufficiale, ecc.).

Per l'apertura del primo Exchange ti faccio l'esempio su Binance, che è tra i più usati.

I. Entra nel sito www.binance.com ed clikka sul pulsante Registrati che trovi in alto a destra;

II. Segui tutta la procedura di registrazione ed attiva il tuo account tramite le mail che è arrivata nella casella di posta che hai comunicato;

III. Accedi al sito e spunta le 5 caselle di condizioni proposti da Binance (si tratta dell'accettazione dei termini e delle condizioni di utilizzo).

IV. Come su Coinbase per l'apertura del Wallet, anche qui procedi con l'autentificazione doppia con sms su cellulari e codice su authenticator;

V. Il tuo account su Binance è stato creato e quindi potrai procedere con i primi scambi di Criptovalute.

4.7 ESEMPIO PRATICO DI PRIMA OPERAZIONE DA WALLET AD EXCHANGE

Spedire criptomonete è come inviare denaro tramite un bonifico, quindi ti servirà l'indirizzo del destinatario (come fosse l'iban bancario).

L'esempio che vedremo sarà su Binance ed è la stessa procedura per ogni tipo di Criptovaluta. Sia chiaro non prendo soldi né da

Binance né dagli altri siti che riporto in questo libro, li utilizzo solamente per riportare degli esempi pratici:

a) Entra in Binance, seleziona FUNDS / DEPOSITS e scegli la criptomoneta che vuoi ricevere (ad esempio Litecoin che si può trovare su Coinbase);

b) Lascia aperta la finestra di Binance ed apri una nuova finestra per accedere al tuo account Coinbase;

c) Tra i tuoi conti seleziona quello della moneta che vuoi scambiare, in questo esempio Litecoin, clicca su INVIA e compila tutti i campi richiesti;

d) Copia il tuo indirizzo di Binance riferito ai Litecoin; questo indirizzo è una stringa alfanumerica se operi da computer, invece lo trovi sotto forma di QRcode se operi da cellulare;

e) Controlla bene la correttezza del tuo indirizzo che hai scritto, perché non è modificabile in alcun modo (ricorda che le transazioni sulla Blockchain sono indelebili e immutabili) e quindi se è sbagliato perdi tutto quanto volevi trasferire. Inoltre è importante precisare che se vuoi spedire Litecoin devi inviarli ad un indirizzo Litecoin o se desideri spedire Bitcoin devi inviarli esclusivamente ad un indirizzo Bitcoin;

f) Scegli la quantità di Litecoin che vuoi trasferire e clicca su CONTINUA. Per la transazione c'è un costo di commissione, che varia da Cripto a Cripto e da sito a sito. Nel caso di Coinbase non ci sono commissioni sul portale, ma dovrai pagarle ai miners che convalideranno la transazione, perciò il costo non è fisso ma varia di momento in momento. Nel caso di Litecoin il costo è di un paio di centesimi di €;

g) Se hai attivato l'autenticazione a due fattori anche su Coinbase (ti consiglio vivamente di farlo), il sito ti chiederà il codice di conferma del tuo programma di autenticazione;

h) Attendi una decina di minuti che la Blockchain controlli la validità della transazione e la memorizzi e poi Coinbase ti invierà una mail di conferma;

Rientrando su Binance troverai il tuo nuovo saldo di Litecoin;

Con questo stesso procedimento potrai scambiare trasferire altre criptomonete in altri Portali.

4.8   COSA SONO I CFD

I CFD (Contratto per Differenza) sono strumenti offerti dai Broker per operare in maniera sicura sul mercato internazionale, consentendoci di attivare una negoziazione di diversi asset. Si riuscirà così a negoziare a cifre basse, aumentando il proprio potere di acquisto con la possibilità di utilizzare gli strumenti di salvaguardia del capitale (come il Take Profit e lo Stop Loss).

Ecco perché se vogliamo negoziare Bitcoin nel breve periodo e quindi andare a speculare sul loro valore allora è certo che i CFD sono lo strumento più adatto perché permettono un guadagno più sicuro.

Se invece volessimo puntare al guadagno a lungo termine, sperando in un continuo aumento del valore dei Bitcoin, si possono acquistare direttamente tramite gli Exchange.

Ti starai chiedendo che cosa fa propendere verso la speculazione piuttosto che l'investimento, e la risposta è come sempre la volatilità. Come già detto le Criptovalute sono valute estremamente instabili e volatili, capaci di oscillazioni di prezzo importanti all'interno della stessa giornata. In altre parole il prezzo del Bitcoin può sia crescere che diminuire all'interno delle 24 ore. E' qui che entrano in gioco i CFD perché ti consentono sia di vendere che di comprare allo scoperto permettendoti di trarre profitto da qualunque direzione prende il mercato.

4.9   ESEMPIO PRATICO DI TRADING CON I CFD

Il Trading con CFD su criptomonete sta diventando sempre più ricercato. Ecco un esempio con il Litecoin.

Immagina di voler acquistare 1000 Litecoin ad un valore di $200, scegliendo un broker che ti propone una leva 1:50 ed uno spread di $0,5.

Senza i CFD dovresti investire 1.000LTC x €200 = €200.000.

Con i CFD a leva 1:50 ti basta investire $200.000/50 = €4.000

Ma dato che il broker ti applica una commissione di $0,5 per ogni LTC, il tuo investimento sarà di: 1.000LTC x (€200 + €0,5) = $4.010.

Se a fine giornata 1 LTC valesse 204€, il tuo profitto sarebbe:

$ 204 (nuovo valore) - $ 0,5 (spread) - $ 200 (valore di acquisto) = + $ 3,5

Quindi avresti guadagnato $3,5 a LTC, ed in totale 1.000x3,5 = $3.500.

Se invece il valore del Litecoin fosse sceso a $198, avresti avuto una perdita.

$ 198 (nuovo valore) - $ 0,5 (spread) - $ 200 (valore di acquisto) = - $ 2,5

Quindi avresti perso 32,5 a LTC, ed in totale 1.000x2,5 = $2.500.

4.10   INVESTIRE SUL LUNGO PERIODO

Sicuramente impostare un investimento sul lungo periodo è la strategia più semplice e sicura per chi non è molto esperto in trading e non ha molto tempo da dedicare all'operazione.

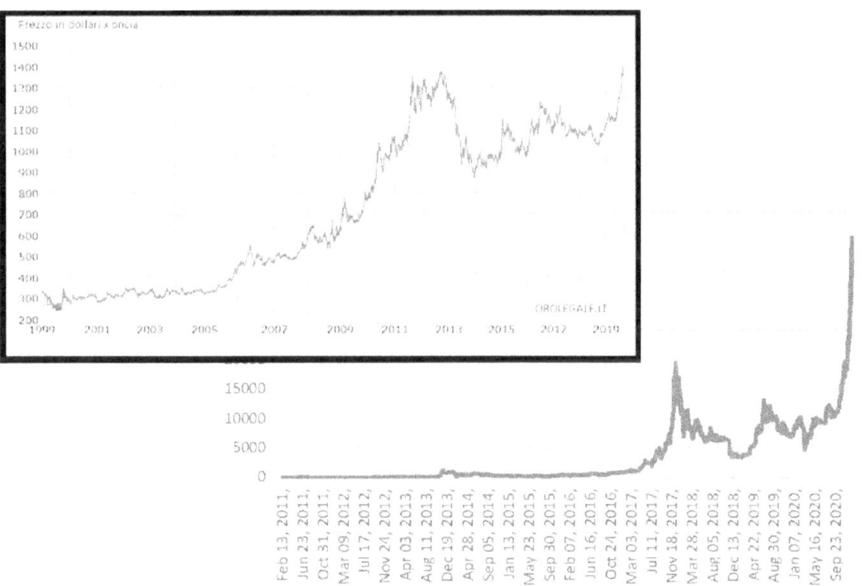

Il primo grafico si riferisce al valore dell'Oro in 10 anni (2009-2019), il secondo grafico rappresenta il valore del Bitcoin dal 2011 al 2020. I 2 grafici possono essere sovrapponibili, in quanto i 2 andamenti sono ciclici, ma in continua crescita. Statisticamente analizzando i dati passati possiamo cercare di capire quando sarà il giusto momento di acquistare.

Per essere sicuri di guadagnare dall'investimento, conviene

acquistare dopo lo scoppio della "bolla" che determina la fine di un ciclo. In poche parole, si parla di "bolla" quando il valore cresce talmente tanto, che poi inevitabilmente ci si aspetta un forte crollo. Ecco, da questo punto il valore può solo salire, e questo è proprio il momento di investire.

Nel 2017 si è assistito al primo grande scoppio della bolla del Bitcoin, discesa che si è conclusa nel 2019. All'inizio di quell'anno il valore del Bitcoin è salito per qualche mese, per poi ridiscendere fino ai primi mesi del 2020.

Questo insegna che il Bitcoin segue un ciclo, ma nel lungo periodo il suo valore aumenta sempre e quindi un investimento a lungo termine premia sempre.

Nella concezione tradizionale, investire in criptovalute significa sostanzialmente comprare una criptovalute su un Exchange (ad esempio Bitcoin) e aspettare che il prezzo aumenti per poi rivendere. Si tratta di un sistema che funziona? Si? ...

Ovviamente un trader esperto sarà di diverso parere. In un mercato estremamente volatile come quello del Bitcoin e delle altre Criptovalute, è possibile approfittare sia delle piccole salite che delle discese del valore della criptomoneta all'interno di un ciclo.

Ad esempio da novembre 2017 il prezzo del Bitcoin crebbe in modo esponenziale e all'epoca chi investi nel Bitcoin guadagnò cifre esorbitanti. Quando nel 2018 il prezzo crollò, i trader meno esperti vanificarono il guadagno precedentemente realizzato, (addirittura c'è chi perse una fortuna), mentre gli operatori più smaliziati accumularono ulteriori fortune. Perché?

Perché i trader che continuarono a guadagnare conoscevano le basi degli investimenti e non si limitarono a comprare una

Criptovaluta come investimento ma sfruttarono tutte le altre opzioni disponibili, come ad esempio i CDF, che ti permettono di guadagnare anche quando il valore di una Criptovaluta scende, e ancora sfruttarono i cicli secondari che si presentarono nel 2018 per vendere e acquistare ripetutamente le proprie cripto almeno una decina di volte per massimizzare gli investimenti.

Nonostante il crollo del 2017, anche esaminando il grafico del Bitcoin da ottobre 2020 a luglio 2021, si vede che il valore cresce, nonostante i vari cicli di salita e discesa.

4.11 CONCETTI BASE PER IL TRADING IN CRIPTOVALUTE

Definizioni utili:

- *Timeframe*: arco temporale considerato in un mercato

- *Candela*: rappresentazione grafica delle informazioni del mercato in un determinato timeframe

- *Trend*: si tratta di una tendenza, è la direzione che

seguono valori di mercato o il prezzo di un asset; solitamente viene rappresentato con un grafico

4.11.1 CANDELA

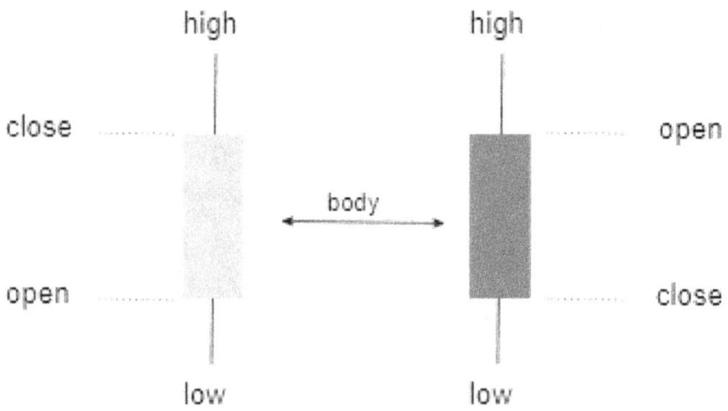

Open → prezzo di apertura   *Close* → prezzo di chiusura

Low → valore minimo del time frame di riferimento

High → valore massimo del time frame di riferimento

Body → corpo della candela, racchiuso tra il prezzo di apertura e quello di chiusura.

Ecco un grafico di esempio del valore di una determinata Criptovaluta per spiegare meglio il concetto.

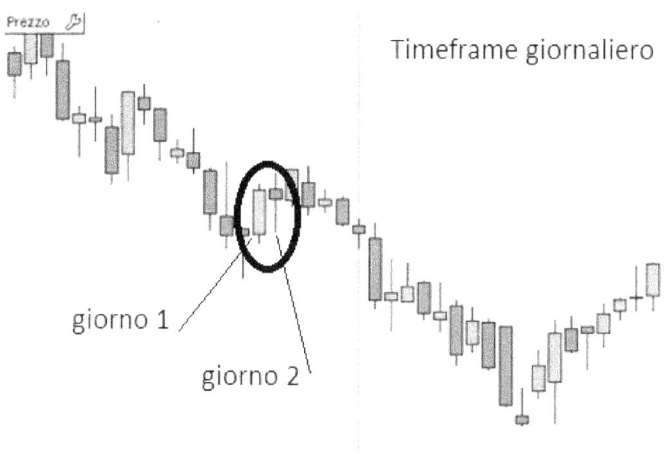

La 1° candela evidenziata (colore verde) corrisponde al giorno 1, la 2° candela (rossa) corrisponde al giorno 2. Si vede che la 2° candela apre sulla chiusura della prima. In questo grafico il timeframe considerato è giornaliero.

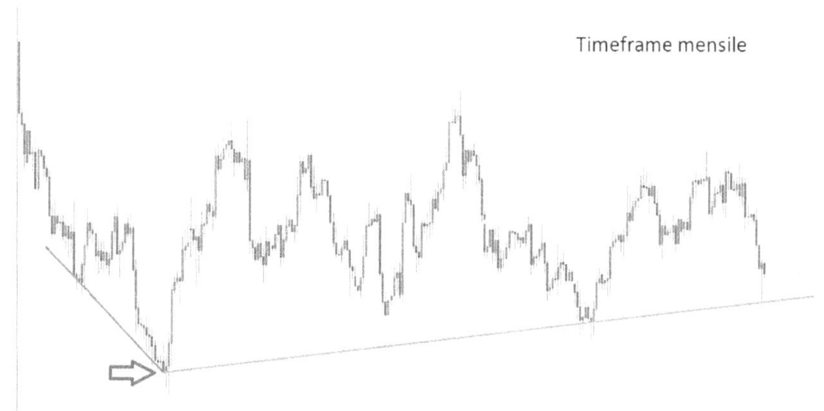

In questo secondo grafico il timeframe è mensile. Si nota che il ribasso/rialzo visto nel 1° grafico ora non si vede perché compresso dal timeframe mensile.

Quindi devi considerare il timeframe più adatto in base a quali informazioni vuoi trarre dal grafico.

Dal confronto tra i 2 grafici si può quindi capire che più è limitato il timeframe, più è inesatta l'informazione che trai dal grafico: in questo esempio, dal 1° grafico sembrerebbe che la Criptovaluta stia perdendo di valore, ma in realtà il 2° grafico (che considera un periodo più lungo) mostra in realtà come si evidenzi un trend in salita.

4.11.2 TREND

Abbiamo già detto che il trend è una tendenza, ossia la direzione che seguono valori di mercato o il prezzo di un asset. Come vedi dal grafico precedente, nella prima parte del grafico il trend è discendente (linea rossa), mentre nella seconda è ascendente (linea verde).

Può capitare che ti trovi di fronte ad un trend altalenante, cioè quando non è nettamente ascendente né discendente. In questo caso si parla di *ranging* ed è sconsigliato fare trading in un mercato che si comporta così perché l'esito è incerto (vedi cerchio giallo sul grafico).

Per interpretare un grafico e prevederne il trend devi considerare che quando il trend è nettamente discendente (linea rossa) significa che si avvicendano valori minimi discendenti, diversamente in trend ascendente è dato dall'avvicendarsi di valori alti crescenti.

Detto ciò quindi, se ad un minimo basso segue un massimo alto è probabile che il trend si stia invertendo (freccia blu). Perciò è il momento di considerare l'investimento in quel mercato.

4.11.3 CICLI

Hai capito che per prevedere un futuro trend devi studiare i trend passati e calcolare i valori con medie, mediane, trendline ecc.

Ma oltre a ciò devi considerare anche altre 2 variabili: i trend secondari ed i trend minori.

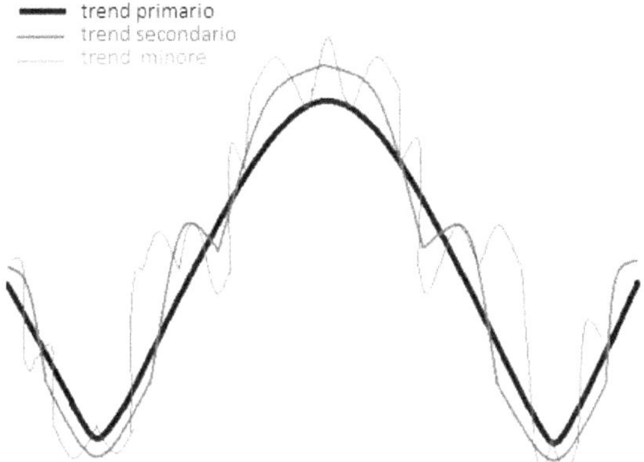

La linea nera rappresenta il trend primario (ad esempio timeframe annuale). La linea rossa è il trend secondario, più altalenante rispetto a quello primario perché considera in periodo mensile. La linea verde rappresenta i trend minori, cioè quelli con timeframe brevi (giornalieri).

Dalla linea rossa puoi vedere che il trend secondario ripete sempre lo stesso ciclo, perciò puoi considerare di investire appena il grafico inverte la rotta e comincia a salire. Noterai anche che i cicli sono simili, ma con valori diversi. La somma algebrica dei cicli dei trend secondari ci dà il trend primario (che può essere discendente o ascendente, come nell'esempio qui sotto).

Questo significa che all'investitore conviene NON vendere quando il valore arriva al minimo "B", per paura di perderci ancora di più, perché poi sarà sicuro che il valore risale al punto "C", superando così il valore "A" di acquisto.

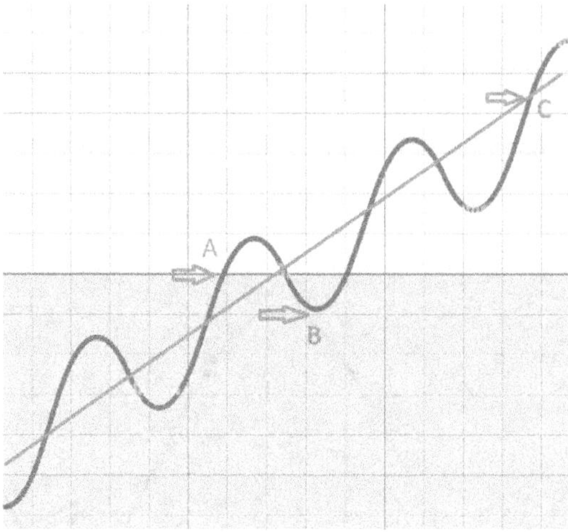

Tutto quanto detto finora è solo una piccola parte di ciò che si deve conoscere prima di essere sicuri di fare un buon investimento redditizio, ma ti ripara da brutte sorprese. Ed a questo devi aggiungere l'esperienza maturata in anni di trading.

Inoltre, ogni strategia che applicherai avrà conseguenze sia positive che negative. Perciò ti consiglio di suddividere il tuo capitale in diversi tipi di investimenti differenziando così il tuo portafoglio (ad alto e basso rischio, a breve e lungo termine, ecc.).

Inoltre, se hai molto tempo da dedicarci puoi puntare ai grandi guadagni degli investimenti su breve periodo. Se invece non puoi dedicarci molto tempo investi nel lungo periodo, dove gli investimenti sono sempre meno rischiosi. Tieni presente che c'è una regola precisa su quali Criptovalute comprare e su quando comprarle, in quanto i fattori di variazione del prezzo sono molteplici perciò:

- _analizza il prezzo_ → analizzando il grafico del prezzo puoi valutare quando è il momento di acquistare o vendere una Criptovaluta e fare il miglior trading possibile;

- _analizza le notizie_ → ogni singola notizia proveniente dal mondo finanziario e dell'industria può far variare il prezzo di una Criptovaluta;

- _diversifica il portafoglio_ → cerca di investire su più Criptovalute in modo da limitare i rischi; se perderai con una criptomoneta, le altre andranno meglio, in questo modo il rischio sarà ripartito e ci guadagnerai. E' quindi vantaggioso acquistare Criptovalute emergenti, che ora valgono poco ed aspettare il futuro aumento del valore mantenendole nel frattempo all'interno del proprio Wallet, e nello stesso tempo fare trading con le Criptovalute più affermate.

- _presta attenzione alle false promesse_ → non fidarti di chi promette grandi guadagni in poco tempo e con poco investimento. Sicuramente si tratta di una truffa. Le Criptovalute sono molto volatili quindi bisogna essere bravi a fare trading per guadagnare molto.

Ultimo consiglio, ma non per importanza, investi sempre e solo ciò che puoi permetterti di perdere!!!

Se non sei un trader esperto, oppure non vuoi rischiare troppo e ti accontenti di un guadagno ridotto, puoi fare Lending.

Il Lending funziona in questo modo:

- Depositi il capitale che vuoi investire all'interno di una piattaforma (ad esempio Crypto.com, CoinLoan, o altre);

- Metti così a disposizione il capitale ad un margin trader, cioè quel trader che investe un "margine" anziché un capitale nominale (anziché investire una somma per l'acquisto di asset, investe una quota più piccola chiamata "margine");

- Il margin trader investe i tuoi fondi acquistando e scambiando criptomonete, trattenendo per sé una buona parte del guadagno e trasferendo a te la tua percentuale.

Ti chiederai quindi se puoi fidarti di questi trader e se riceverai sicuramente la tua percentuale di guadagno! Per garantire ciò, il trader che investe il tuo capitale, deve depositare una somma a garanzia all'interno del proprio Wallet dentro alla piattaforma scelta. Quindi se il trader non ti depositerà i tuoi guadagni, lo farà direttamente la piattaforma, attingendo dal suo deposito a garanzia.

Ti faccio un esempio per spiegarti meglio questo concetto.

Immagina di prestare 300€ ad un margin trader, che ha un Margin Wallet di 500€.

Lui decide di vendere allo scoperto 5 Litecoin ad un prezzo di

apertura di 170€ cadauno, sperando che il loro valore scenda →
totale 5 x 170 = 850€

Ipotesi A: il valore del LTC scende.

Se effettivamente il LTC scendesse, ad esempio a 120€, il trader
avrà guadagnato 50€ ad ogni LTC, cioè 250€. Quindi nel suo
Wallet ora ci saranno 500+250 = 750€.

Quindi, oltre a restituirti i 300€ prestati, dovrà trasferirti anche
una percentuale su ciò che ha guadagnato.

Ipotesi B: il valore del LTC sale di poco.

Se il valore del LTC salisse di poco, ad esempio a 180€, per
ricomprare i 5 LTC, il trader spenderebbe 5 x 180 = 900€. Visto
che il totale di vendita allo scoperto era di 850€, il trader da
questa operazione ha perso 50€ dal suo Margin Wallet.

A te verranno comunque restituiti il capitale prestato e la
percentuale pattuita.

Ipotesi C: il valore del LTC sale di molto.

Se invece il valore del LTC arrivasse a 270€, il trader avrebbe
bisogno di 5 x 270 = 1.380€ per ricomprare i LTC. La somma del
suo Wallet (500€) e del totale della vendita allo scoperto (850€)
che è 1.350€ è minore del nuovo valore di 5 LTC (1.380€), perciò
la piattaforma stessa acquisterà i 5 LTc al nuovo valore di
mercato prelevando tutti i fondi messi a garanzia dal trader e
consegnerà a te una percentuale per il prestito che hai fatto al
trader.

In questo caso il trader avrà perso tutto quanto aveva nel suo Margin Wallet, tu invece sarai sempre tutelato dalla piattaforma.

Da questo esempio si capisce come, per lavorare in sicurezza con il trading online delle Criptovalute, sia necessario affidarsi ad un broker sicuro, che possa offrire robuste garanzie e al tempo stesso possa fornire una valida offerta formativa, corredata se possibile da un conto demo dove poter fare pratica. Non esistono soldi facili, ma solo guadagni ricavati dall'impiego di strategie derivanti da molto studio e da una buona esperienza.

4.13   QUALI SONO I RISCHI

Non dimenticare mai che le Criptovalute sono prodotti speculativi ad alto rischio, e prima di iniziare il tuo viaggio nel mondo degli investimenti in Criptovalute devi necessariamente conoscerne i rischi collegati. Non considerare questo tipo di investimenti un modo per arricchirti facilmente, ma oggi guadagnare con Bitcoin e gli Altcoin è possibile, lo dimostrano le tante storie di successo di cui è pieno il web. Al contrario, ahimè il web è anche pieno di tante storie in cui i malcapitati hanno perso un patrimonio o sono stati vittime di truffe, per cui la cosa più importante che devi sapere è che non tutte le piattaforme che ti permettono di operare in questo settore sono uguali. Tutte quelle presentate in questo libro permettono ad un principiante di iniziare in tranquillità, ma è bene che tu stia alla larga da tutti i sistemi che promettono profitti facili e sicuri. Opera solo ed esclusivamente con piattaforme regolamentate ed autorizzate (dalla Consob per quanto riguarda l'Italia) e non dovresti incappare in imprevisti. Dico "non dovresti" perché ci sono piattaforme serie e sicure che sono state chiuse dalla CONSOB per una minima mancanza formale. Per questo motivo, chi investe con una piattaforma autorizzata e regolamentata ha la sicurezza matematica che non subirà truffe e raggiri.

Detto questo, ed eliminato il rischio truffa rivolgendoci ed operando solamente su piattaforme regolamento ed autorizzate, ci sono rischi, legati al mondo Crypto, che possono essere solo mitigati e non azzerati.

Volatilità → La caratteristica principale di tutte le Criptovalute è l'estrema volatilità, cioè la quotazione può crescere e diminuire velocemente anche all'interno della stessa giornata. Si possono considerare dei cambiamenti inaspettati del sentimento del mercato e si ripercuotono nelle Criptovalute con improvvisi sbalzi nel prezzo. Non è raro che il prezzo delle Criptovalute crolli di migliaia di dollari rapidamente. Quindi per non fallire con i tuoi investimenti, devi avere chiaro quando comprare, ma anche e soprattutto quando vendere.

Le Criptovalute non sono regolamentate → Sebbene ultimamente hanno attirato l'attenzione di sempre più utenti, non si sa ancora bene se debbano essere classificate come materie prime virtuali o reali. Sta di fatto che al momento non c'è nessun organo di controllo, né banche centrali né governi, che le ha regolamentate.

Errore e Hacking → purtroppo l'errore umano e le attività di hacking sono dietro l'angolo, bisogna porre estrema attenzione quando si fanno operazioni con le Criptovalute, non c'è un modo infallibile per prevenire potenziali problemi.

Sono influenzate da FORK o interruzioni → non è insolito che intorno ad un fork si possa generare una forte volatilità, per cui è importante conoscere dettagliatamente la situazione di una Criptovaluta e della Blockchain sottostante prima di negoziare con questi prodotti.

Ora vediamo invece i rischi derivanti dal trading sulle Criptovalute con i CFD, questo significa esporsi a rischi diversi rispetto a quanto visto poco fa:

Prodotti ad alto rischio → E' vero, lavorando con i CFD per versare solamente una parte del valore totale della negoziazione per poter iniziare, ma ricorda che sia i profitti che le perdite si basano sul valore totale dell'operazione. Se a questo aggiungi il fattore volatilità, il rischio è quello di incappare in perdite davvero significative.

Influenzati dal GAP → quando ci si trova davanti ad un evento con forte volatilità, il prezzo può balzare all'estremo opposto senza passare per i livelli intermedi. Ne consegue che il tuo limitatore di perdite (STOP LOSS) si azionerà ad un livello molto più basso di quello impostato, peggiorando le tue perdite se il mercato si muove in tuo sfavore.

Costi più Alti → Rispetto alla normale attività di trading su Criptovalute, I costi per operare con i CFD potrebbero risultare più esosi. Prima di iniziare verificare adeguatamente tutti i potenziali costi.

Variazioni di Prezzo→ anche questo punto è legato alla volatilità. Variazioni di prezzo significative possono verificarsi nelle Criptovalute usate per determinare il valore delle posizioni CFD.

Detto questo, prima di iniziare con qualunque attività di trading, assicurati di conoscere tutti i rischi associati ai prodotti che vuoi trattare. Investi solo ciò che puoi perdere e con coscienza. Non concentrare tutte le tue risorse in un'unica operazione, ma suddividilo ed investi piccole quote in tante operazioni. Non dimenticare mai di impostare il tuo STOP LOSS, uno strumento automatico che consente di impostare, prima ancora di partire, qual è la perdita massima che sei disposto a subire per ogni operazione.

GLOSSARIO

Nelle prossime pagine sono elencati i termini più comuni usati nel modo Crypto e Blockchain. Non troverai solamente quelli riportati nel libro, ma anche altri termini che abbiamo ritenuto importanti e degni di menzione. Questo Glossario ti sarà utile per ripassare o approfondire gli argomenti trattati. Puoi consultarlo via via oppure quando ne senti la necessità. E quando senti alla TV o incontri sul web qualche parola in ambito Blockchain di cui non ricordi il significato... salta al Glossario e leggi!

Absolute Advantage (Vantaggio Assoluto): Quando una parte ha un vantaggio in termini di efficienza nella produzione o nella fornitura di un bene/ servizio rispetto a un'altra parte.

Address (indirizzi): Un indirizzo è una stringa di caratteri alfanumerici, che può anche essere rappresentato come un codice QR scannerizzabile. E' utilizzato per ricevere e inviare transazioni sul network, proprio come le coordinate bancarie di un comune conto corrente.

Agreement ledgers (registri d'accordo): Sono registri distribuiti utilizzati da due o più parti per negoziare e raggiungere un accordo.

Airdrop: La distribuzione di risorse digitali al pubblico, grazie al possesso di un token o grazie al fatto di essere un indirizzo di portafoglio attivo su una particolare Blockchain.

Altcoin: Una Criptovaluta che non è Bitcoin.

Algoritmo: Una sequenza di istruzioni univoche utilizzate allo scopo di risolvere un problema.

All or None Order - AON (Ordine Tutto o Nessuno): Un ordine che, una volta effettuato, deve essere completato. Ciò impedisce qualsiasi evasione parziale degli ordini.

All-Time High - ATH (Massimo storico): Il prezzo più alto di una Criptovaluta in una valuta di quotazione.

Allocazione: Un'assegnazione di Token che può essere guadagnata, acquistata o accantonata per un determinato investitore.

Anti-money laundering (AML): un insieme di leggi e regolamenti volti a impedire ai criminali di camuffare i fondi ottenuti illegalmente come reddito legittimo.

Angel investor (Angelo investitore): Investitori facoltosi che cercano opportunità per fornire finanziamenti a imprenditori o start-up.

Application Programming Interface (API): insieme di routine, protocolli e strumenti per la costruzione di applicazioni software.

Arbitraggio: L'acquisto e la vendita simultanea di valute o beni in diversi mercati per trarre vantaggio dai prezzi diversi dello stesso asset.

ASIC: Application Specific Integrated Circuit (circuito integrato di un'applicazione): un chip progettato per eseguire un determinato compito. Nel mondo della Blockchain, di solito si riferisce ai chip sviluppati per funzionare su computer di data mining.

Ask: ordine di vendita.

Asset digitale: qualsiasi cosa si trovi nei dati binari; è autonomo e identificabile in modo univoco ed ha un valore di utilizzo.

Asincrono: Eventi nei sistemi elettronici che non si verificano allo stesso tempo o velocità, o si verificano indipendentemente dal flusso del programma principale.

ATM: o bancomat, è un'attrezzatura fisica che consente il ritiro (o l'acquisto) di valute - Bitcoin ATM: Un luogo dove le persone possono scambiare una valuta Fiat e i bitcoin.

Atomic Swap (Scambio atomico): Tecnologia di contratto intelligente che consente lo scambio di una Criptovaluta con un'altra senza utilizzare intermediari centralizzati

Attacco del 51%: Conosciuto anche come attacco maggioritario. Quando uno o un gruppo di minatori controlla più del 50% dell'hashrate minerario o della potenza di calcolo della rete.

Attestation Ledgers (Registri di attestazione): registri distribuiti che provvedono ad un record durevole di accordi, fornendo un'attestazione che questi siano stati fatti.

Autenticazione a due fattori (2FA): Un livello di sicurezza maggiore in aggiunta alla password. Tipicamente i due fattori usano un secondo dispositivo (ad esempio col cellulare) che genera un ulteriore codice una tantum. Sia la tua password che questo codice unico sono necessari per autorizzare l'accesso o una transazione.

Automated market: tipo di protocollo di exchange decentralizzato che si basa su una formula matematica per prezzare gli asset, utilizzano Smart Contract.

Binance Blockchain Charity Foundation (BCF): La prima piattaforma di beneficenza decentralizzata al mondo a sostenere il concetto di "Blockchain per il bene sociale".

Bear market (Mercato degli orsi): Un andamento negativo dei prezzi di un mercato.

Binance Ecosystem Fund (BEF): Un'iniziativa di Binance per collaborare con partner che hanno a cuore l'ecosistema Blockchain.

Bid: Un ordine di acquisto.

Bid-Ask Spread (Differenza tra domanda e offerta): La differenza di prezzo tra il prezzo richiesto più basso e il prezzo bid più alto sul libro degli ordini per un asset.

Bitcoin Cash (BCH): è il risultato di una hard fork di Bitcoin (BTC) avvenuta il primo agosto 2017. I nodi di Bitcoin Cash convalidano blocchi di dimensioni maggiori, questo per consentire ai minatori di inserire più transazioni in ogni blocco.

Blocco Genesis: I primo blocco di codice creato in una rete della catena di blocchi.

Blocco: Un file del computer che memorizza i dati delle transazioni. Questi possono quindi essere organizzati in una sequenza lineare, che formerà una Blockchain.

Block ciphers (cifratura a blocchi): La cifratura a blocchi è un metodo utilizzato per cifrare informazioni testuali attraverso un algoritmo e una chiave crittografata, diversi degli algoritmi a flusso, che cifrano un singolo elemento alla volta.

Block explorer: uno strumento online che permette di esplorare la Blockchain di una determinata Criptovaluta: tutte le transazioni (passate e attuali), analitiche del network (come il tasso di hash), crescita delle transazioni, ecc.

Block height (altezza del blocco): equivale al numero dei blocchi nella catena tra l'attuale e il blocco originario (genesis block, il primo creato sulla Blockchain che ha height 0).

Block rewards (ricompense del blocco): Sono le ricompense date ai miner per aver minato un blocco (tecnicamente aver calcolato l'hash in questo).

Bolla: Quando il prezzo di un bene viene gonfiato e supera il valore reale di tale bene. Quando una bolla "scoppia" i prezzi crollano drasticamente.

BOOK: è l'insieme delle offerta di vendita (bid – danaro) e di acquisto (ask – lettera) di coloro che operano su una piattaforma di Exchange per Criptovalute.

Bull market (Mercato in rialzo): Un andamento positivo dei prezzi di un mercato che quindi incoraggiando l'acquisto.

Burning: l'azione gestita automaticamente da uno smart

contract, con cui una quantità di token vengono eliminati per sempre dall'ecosistema a cui appartengono. Spesso si utilizza per ridurre progressivamente la quantità di valuta in circolazione e quindi creare una deflazione utile a incrementare nel tempo la quotazione del token.

Candlestick chart (Grafico a candela): Un candlestick è un tipo di grafico dei prezzi utilizzato nell'analisi tecnica che mostra prezzi alti, bassi, di apertura e di chiusura di un titolo per un periodo specifico.

Capitalizzazione di mercato (Market cap): è il valore di scambio totale di una data moneta, è il valore della singola moneta per il numero di monete circolante. E' possibile essere aggiornati in tempo reale tramite il sito CoinMarketCap.

Capitolazione: Un periodo di forte attività di vendita, in cui gli investitori rinunciano alle loro posizioni e vendono le loro partecipazioni il più rapidamente possibile, durante i periodi di ribasso. A causa del bear market gli investitori cominciano a capitolare o a vendere in preda al panico.

Censura-resistenza: La proprietà di una rete di Criptovalute che impedisce a qualsiasi entità di alterare le transazioni su di essa.

Central ledger (registro centrale): Un registro gestito da un'agenzia centrale, un singolo network che gestisce e modifica dei dati.

Centralizzato: Quando i meccanismi di pianificazione e decisione sono concentrati in un punto particolare all'interno di un sistema.

Chain linking (collegamento di catene): Il processo che permette a due Blockchain di connettersi, permettendo dunque transazioni tra le due. Ad esempio con questo i Bitcoin possono scambiare asset monetari con altre Blockchain.

Chiave privata (Private key): una stringa di dati, una password, che consente agli utenti di firmare transazioni e generare indirizzi di ricezione nella Blockchain. Ad essa corrisponde la chiave pubblica (public key), quella visibile da qualsiasi utente sulla Blockchain. Questo codice, che dovrebbe essere mantenuto segreto, autorizza il proprietario a inviare monete da un Wallet specifico.

Chiave pubblica: è un codice digitale che identifica in maniera univoca un Wallet su una Blockchain; cioè l'indirizzo del wallet. Questo è l'indirizzo che fornisci a coloro che vogliono inviarti Criptovaluta.

Cipher (cifra o cifrario): Un metodo per crittografare e decrittografare i messaggi.

Circulating supply (Rifornimento circolante): Il miglior numero approssimativo di monete o token di Criptovaluta disponibili pubblicamente e in circolazione sul mercato [vedi Max Supply e Total supply].

Client: Il software che un utente esegue su un desktop, laptop o dispositivo mobile per lanciare un'applicazione.

Cloud mining: permette al mining di Criptovalute di essere accessibile a tutti, evitando di investire in costosi hardware. Un utente si collega ad un sito web e investe nell'azienda che ha già centri di mining, rilasciano uno share agli investitori del ricavato dell'attività.

Coin burning (combustione di una Criptovaluta): processo che avviene ogni qual volta che si vuole ridurre l'offerta di una Criptovaluta, per preservarne il valore.

Cold storage (wallet offline): è una misura di sicurezza per prevenire accessi non autorizzati.

Commissione di transazione: commissioni ottenute dai minatori che finiscono di elaborare una transazione, poiché esse richiedono molta potenza di calcolo. Quindi i minatori della rete competono per il diritto di elaborare le transazioni offrendo appunto la loro potenza di calcolo.

Commodity Futures Trading Commission (CFTC): è un'agenzia con sede negli Stati Uniti, responsabile della regolamentazione dei mercati dei derivati, che include contratti futures ed altro. Inoltre essa ha determinato che, in termini legali, le valute virtuali come Bitcoin sono merci. Ha quindi la giurisdizione per supervisionare i derivati con sottostante una valuta digitale e sanzionare in caso di frode o manipolazione di questi derivati.

Comprare o Vendere "A LIMITE": inserire nel book la propria offerta di acquisto o di vendita.

Comprare o Vendere "AL MERCATO" – accettare le offerte di vendita o di acquisto presenti nel BOOK.

Confirmation (conferma): quando l'hash di una transazione è stato correttamente calcolato e aggiunto alla Blockchain. Più sono le conferme, più sarà difficile compromettere quella transazione.

Criptovaluta (Cryptocurrency): Una valuta digitale protetta dalla crittografia per funzionare come mezzo di scambio all'interno di un sistema economico peer-to-peer (P2P), basata sulla tecnologia Blockchain.

Cryptography (crittografia): è riferita al processo di cifratura e decifratura di informazioni.

Cryptanalysis (crittanalisi): Lo studio dei metodi per ottenere il significato di informazioni cifrate senza avere accesso all'informazione segreta (la chiave crittografica) che è di solito richiesta per effettuare l'operazione.

DAC - Distributed Autonomous Corporation/Company (Decentrata): Un'organizzazione controllata dagli azionisti piuttosto che da un'autorità centrale.

DAO - Decentralized Autonomous Organization (Organizzazione autonoma decentralizzata): è un'entità che opera senza alcun coinvolgimento umano, controllata da una serie di regole di business incorruttibili. In gergo vengono oppure DAC (Distributed Autonomous Corporation/Company) e sono aziende rappresentate da network decentralizzati controllati da agenti autonomi guidati dall'intelligenza artificiale.

Dapps - Decentralised Apps (Applicazioni decentralizzate): programmi che usano la Blockchain per creare qualsiasi tipo di applicazione che gira su una rete decentralizzata.

DEX (Exchange decentralizzato): Uno scambio che non richiede agli utenti di depositare fondi per iniziare a fare trading e non trattiene i fondi per l'utente. Gli utenti fanno trading direttamente dai propri portafogli. Un Dex opera in modo decentralizzato senza un'autorità centralizzata e consente il trading peer-to-peer delle Criptovalute.

Difficulty (difficoltà): la difficoltà richiesta per estrarre un blocco. Scopri di più su Binance Academy.

Digital commodity (merce digitale): merce intangibile che ha un valore di mercato e può essere elettronicamente trasferita.

Digital identity (identità digitale): identità online dichiarata nel cyberspazio da un individuo.

Digital Signature (firma digitale): codice generato da una cifratura di una chiave pubblica allegata a un documento trasmesso elettronicamente per verificarne il contenuto e l'identità del mittente. Tutte le transazioni nella Blockchain sono firmate digitalmente attraverso chiavi private degli utenti che corrispondono a quelle pubbliche, che a loro volta vengono verificate dai miner.

Distributed ledgers (registri distribuiti): Database diffusi in luoghi diversi e lontani tra loro (dunque network decentralizzati), i cui record sono memorizzati uno dopo l'altro in un registro senza fine. I dati all'interno possono essere accessibili attraverso specifici permessi per controllare chi può visualizzarli.

Double Spending (Doppia spesa): Quando una determinata quantità di monete o un singolo Token vengono spesi più di una volta. Di solito come risultato di un attacco razziale o di un attacco del 51%.

DYOR - Do Your Own Research (Fai la Tua Ricerca): Si tratta di un consiglio: è meglio ricercare una moneta o un gettone da soli invece di seguire ciò che dicono gli altri.

ERC-20: Uno standard tecnico utilizzato per emettere e implementare token sulla Blockchain di Ethereum proposto nel novembre 2015 da Fabian Vogelsteller.

ERC-721: Un Token non fungibile basato su Ethereum, quindi ogni Token è unico e non intercambiabile, a differenza della maggior parte dei Token sono fungibili (ogni Token è uguale ad ogni altro Token).

Exchange: Un piattaforma digitale per Criptovalute in cui gli utenti possono acquistare e vendere monete.

Fiat currency (valuta Fiat): Soldi, valuta locale, che un governo ha dichiarato avere corso legale (es. Euro e Dollaro).

Finanza decentralizzata (DeFi): L'ecosistema composto da applicazioni finanziarie decentralizzate sviluppate su reti Blockchain. Si riferisce agli asset digitali e ai contratti finanziari intelligenti, ai protocolli e alle applicazioni decentralizzate (DApp) costruiti su Ethereum.

Firma digitale (Digital Signature): Un codice generato da una cifratura di una chiave pubblica allegata a un documento trasmesso elettronicamente. Serve per verificarne il contenuto e l'identità del mittente. Si tratta di un identificativo univoco concesso a un particolare utente, Token o transazione di ogni transazione effettuata sulla Blockchain.

Fear Of Missing Out- FOMO (Paura di perdersi): La sensazione di paura e ansia che potresti perdere un'opportunità potenzialmente redditizia, ad esempio quando il valore di una criptomoneta inizia a salire e non la si possiede.

Fork (biforcazione): La creazione di una versione alternativa di una Blockchain, attraverso due blocchi su parti differenti del network. Quindi ci saranno due Blockchain parallele, una dichiarata vincente dalla maggioranza degli utenti che lo decidono e l'altra secondaria. Si ha un fork quando c'è un 51% attack o un nuovo set di regole su cui c'è un consenso generale.

Se la nuova versione è compatibile con quelle precedenti si parla di soft fork e tutti rimarranno sulla stessa Blockchain. Se invece non funziona con le Blockchain esistenti si parla di hard fork e la Blockchain si dividerà in due catene separate.

FUD - Fear, Uncertainty, and Doubt (paura, incertezza e dubbio): Una strategia di marketing utilizzata per diffondere paura e insicurezza tra clienti, trader o investitori. Ad esempio quando si parla delle critiche che si concentrano sull'impatto ambientale di Bitcoin o sull'uso delle Criptovalute per il riciclaggio di denaro. Le persone che sostengono il Fud sono chiamate Fudsters.

Gas: Il meccanismo dei prezzi impiegato sulla Blockchain di Ethereum per calcolare i costi delle operazioni dei contratti intelligenti e le commissioni di transazione.

Gas Limit (Limite gas): Il prezzo massimo che un utente di Criptovaluta è disposto a pagare come commissione quando invia una transazione o esegue una funzione di contratto intelligente.

GitHub: una piattaforma web per il controllo delle versioni del codice, in cui un team può condividere, collaborare e salvare il proprio codice open source o proprietario. Ha un modello di business software-as-a-service (SaaS), ed è nato nel 2008.

Gwei: È la misura dei prezzi del gas. 1.000.000.000 wei = 1 Giga wei (Gwei). Wei è la più piccola unità (base) di Ether.

Halving (dimezzamento): Quando la ricompensa dei miners in blocco di un asset crittografico, come Bitcoin, scende alla metà rispetto a prima (questo succede ogni 4 anni); questo viene utilizzato per creare un tasso di emissione decrescente per arrivare a un'eventuale fornitura finita di un asset crittografico.

Halving reward: Circa ogni quattro anni, la ricompensa ricevuta da un miner Bitcoin viene dimezzata per garantire un tasso di deflazione nell'emissione di nuova moneta.

Hard fork (biforcazione forte): Un cambio al protocollo della Blockchain che permette ai blocchi precedentemente invalidi di diventare validi e che richiede l'aggiornamento dei client di tutti gli utenti che operano su quella Blockchain. Ad esempio il 21 luglio 2016 venne creato Ethereum Classic. [vedi Fork e Soft forkj].

Hardware Wallet: si tratta di un dispositivo fisico dedicato in cui sono memorizzate le chiavi private (di solito offline per una maggiore sicurezza).

Hash: L'atto di eseguire l'algoritmo crittografico su alcuni dati, per confermare le transazioni.

Hashcash: È un sistema di Proof of Work utilizzato per limitare lo spam di email e gli attacchi informatici. Recentemente è stato utilizzato per i Bitcoin e altre Criptovalute come parte dell'algoritmo che permette il mining.

Hashrate (tasso di hash): La velocità con cui un computer o un hardware di mining è in grado di calcolare nuovi hash. Solitamente misurato in hash al secondo.

Hodl: Un errore di battitura di "Hold" originato da bitcointalk che è stato anche adattato per essere un acronimo di Hold on for Dear Life (locuzione inglese che significa "stringi i denti".) - per mantenere la proprietà delle monete e non vendere. L'errore di battitura è stato adattato come acronimo di "Hold on for dear life".

Hot wallet: si tratta di un portafoglio online virtuale che permette agli investitori di Criptovalute di conservare o scambiare i Token. Pro: vi si può accedere più facilmente e fare trading più rapidamente. Contro: è più suscettibile a violazioni.

ICO Initial Coin Offering (Offerta iniziale di monete): Un metodo di raccolta fondi in cui nuovi progetti venderanno la loro Criptovaluta agli investitori. Si tratta della vendita preventiva dei Token nativi di una Blockchain ai fini di investimento nel progetto futuro.

IEO - Initial Exchange Offering (Offerta di scambio iniziale): Un metodo di raccolta fondi progettato per ridurre il rischio per gli acquirenti di Token introducendo un intermediario di fiducia tra il team di progetto e l'utente. La vendita è gestita da un Exchange di Criptovalute, quindi le sue IEO sono disponibili esclusivamente per gli utenti di quell'Exchange.

Ledger (registro - libro mastro): Un libro fisico pubblico o un file informatico digitale in cui vengono tracciate e registrate le transazioni monetarie e finanziarie.

Liquidità (Liquidity): La facilità con cui una certa Criptovaluta può essere convertita in denaro. La liquidità dipende da molti fattori, come la domanda e l'offerta ed il tempo di elaborazione delle transazioni.

Margin trading (Trading a margine): Trading utilizzando fondi presi in prestito forniti da terzi.

Market Cap (Capitalizzazione di mercato): Il valore di scambio totale di una data moneta, calcolato dal prodotto della fornitura della moneta per il prezzo corrente.

Max Supply (Fornitura massima): numero massimo di monete o Token che verranno mai creati per una determinata Criptovaluta. [vedi Circulating supply e Total supply].

Mempool: Il meccanismo di un nodo per tenere traccia delle transazioni non confermate che il nodo ha visto (ma non sono state ancora aggiunte a un blocco).

Miners (minatori): le persone o i loro processori che, grazie al loro lavoro computazionale di mining, estraggono le Criptovalute di nuova emissione. Le Criptovalute vengono loro assegnate dal Protocollo informatico del Sistema monetario digitale e decentralizzato quale ricompensa per la loro attività di controllo sulla regolarità delle transazioni.

Mining (Estrazione): il processo che fa eseguire all'hardware del computer calcoli matematici al fine di confermare le transazioni ed aumentare la sicurezza della rete Bitcoin. La verifica delle transazioni su una rete Blockchain, in cui le transazioni vengono aggiunte come voci nel registro Blockchain. E' l'attività dei minatori.

Mining farm (Fattoria mineraria): Una raccolta di molti miner, spesso in un magazzino o in un grande data center dedicato al mining di Criptovalute. Sono il risultato della costante complicazione del processo di estrazione, che richiede maggiori risorse tecniche, energetiche e finanziarie.

Moon - to the moon (Luna): Un'espressione colloquiale utilizzata per descrivere una Criptovaluta o un altro asset che sta vivendo una forte tendenza al rialzo del mercato (il volume va alle stelle).

Multi-signature/multisig (Multifirma): Wallet che richiede a un'altra parte di autorizzare una transazione prima che venga trasmessa alla rete. Ad esempio, si hanno 5 persone autorizzate ad inviare Bitcoin da un Wallet MultiSig ma almeno 3 di queste 5 devono approvare una transazione prima che possa essere autorizzata.

NFT - Non-fungible Token (Token non-fungibile): Un tipo di Token crittografico che rappresenta una risorsa digitale o reale univoca e non è intercambiabile con altri Token.

Nodo (Node): Un partecipante su una rete Blockchain che comunica con altri partecipanti per garantire la sicurezza e l'integrità del sistema. Solitamente contiene una copia della Blockchain e che condivide informazioni con gli altri nodi della rete. Non tutti i nodi minano la Criptovaluta ma contribuiscono comunque alla decentralizzazione e quindi alla sicurezza della Blockchain. Tutti i miner sono nodi ma non tutti i nodi sono miner.

Nonce: Una stringa o un numero arbitrario monouso generato a scopo di verifica per impedire la riproduzione di transazioni precedenti.

Off-chain (Fuori catena): Transazioni che si verificano al di fuori di una determinata rete Blockchain, che possono essere successivamente segnalate o raggruppate insieme prima di essere inviate alla catena principale.

Open-source: Software il cui codice sorgente è rilasciato con una licenza che dà a chiunque la possibilità e il diritto di utilizzarlo, aggiornarlo e distribuirlo liberamente.

Oracle (Oracolo): Una fonte di dati o un feed di una terza parte utilizzato per determinare i risultati per i contratti intelligenti

Peer-to-Peer (P2P): Quando due o più computer sono connessi e condividono carichi di lavoro o risorse senza fare affidamento su un server centralizzato. I file possono essere condivisi direttamente tra i sistemi della rete senza bisogno di un server centrale.

Phishing: Un attacco dannoso in cui un malintenzionato tenterà di ottenere informazioni sensibili come nomi utente, password e dettagli della carta di credito, per ottenere l'accesso non autorizzato al suo account. Gli scammer fingono di essere delle entità affidabili e contattano le vittime tramite mail o SMS.

Proof of Stake (PoS) "prova di possesso": E' il meccanismo secondo cui il miner che conferma il blocco viene nominato in funzione della sua ricchezza in quella determinata Criptovaluta. Maggiore sarà la quantità di moneta virtuale posseduta, e messa a garanzia delle transazioni e maggiore sarà il numero di blocchi che si potranno verificare e convalidare su una Blockchain.

Sistema in cui Proof of Work (PoW): letteralmente "prova del lavoro": è prova che il miner deve fornire alla rete per aggiudicarsi la conferma del blocco, ovvero il nonce che ha trovato. E' un sistema di assegnazione dei blocchi da risolvere di una Blockchain in cui maggiore è la nostra capacità di calcolo e maggiore è il numero di blocchi che ci vengono assegnati.

Resistenza: Quando un prezzo in aumento trova la pressione del mercato causata da un numero crescente di venditori che desiderano vendere allo stesso prezzo.

Satoshi Nakamoto: è lo pseudonimo del creatore o dei creatori del protocollo Bitcoin e del Whitepaper. La vera identità dell'inventore del Bitcoin è sconosciuta. Satoshi è la persona a cui si attribuisce l'invenzione di Bitcoin. È uno pseudonimo. Un Satoshi è anche l'unità più piccola in cui un Bitcoin può essere diviso. 1 Satoshi = 0,0000000001 Bitcoin.

Segwit: Segregated witness (Testimone segregato): Un processo in cui le firme delle transazioni sono separate dalle transazioni Bitcoin. Una parte dei dati delle transazioni vengono spostate al di fuori del blocco principale riducendo in questo modo la dimensione effettiva della transazione. Potrebbe essere un soft fork in una rete Blockchain, che migliorerebbe le sue funzioni senza la necessità di creare una nuova Criptovaluta o che le versioni precedenti della rete diventino incompatibili.

SHA256 (Secure Hash Algorithm 256): L'algoritmo utilizzato da Bitcoin.

Smart Contract (contratti intelligenti): Sono contratti virtuali ad esecuzione automatica e cioè senza l'arbitrio umano; sono software memorizzati e fatti girare su una Blockchain.

Soft fork: Una modifica al protocollo Bitcoin in cui solo blocchi o transazioni precedentemente validi sono resi invalidi. Poiché i vecchi nodi riconosceranno i nuovi blocchi come validi, un softfork è retro compatibile con le versioni precedenti. Questo tipo di fork richiede che solo la maggior parte dei minatori si aggiorni per applicare le nuove regole. [vedi Fork e Hard fork]

Spread (tra domanda ed offerta) La differenza di prezzo tra il prezzo richiesto più basso e il prezzo bid più alto sul libro degli ordini per un asset. Gli spread più bassi sono il segno di un mercato sano o stabile.

Stablecoin: Un tipo di Criptovaluta progettata per mantenere un valore stabile, piuttosto che subire variazioni di prezzo significative. Si ancorano a parametri di riferimento come il dollaro o l'euro.

Staking: un protocollo che mira ad aumentare i guadagni. Gli utenti danno il permesso di accesso al proprio portafoglio ad un Exchange che investe parte degli asset su progetti DeFi che offrono buoni interessi.

L'atto di bloccare le proprie valute o Token per aiutare a verificare le transazioni che utilizzano un sistema Proof-of-Stake (PoS). Gli staker guadagnano dei premi svolgendo questa attività.

Staking Pool: Un pool di staker per aumentare le loro possibilità di convalidare con successo un nuovo blocco.

Supply Chain (Catena di fornitura): Una rete di persone e aziende coinvolte nella creazione e distribuzione di un particolare prodotto o nel servire un particolare cliente.

Token: sono unità digitali emesse su una Blockchain. Sono Criptovalute non generate dalla propria Blockchain, ma dalla funzionalità della Blockchain di un'altra Criptovaluta. Ad esempio, i Token ERC20 generati dai contratti intelligenti sulla Blockchain di Ethereum.

Total Supply (Offerta totale): numero di monete o Token attualmente esistenti in circolazione + numero bloccati in qualche modo. [vedi Circulating supply e Max supply]

Transaction ID - TXID (ID transazione): è una stringa univoca di caratteri che etichetta ed identifica in modo univoco ogni transazione sulla Blockchain.

Transactions Per Second - TPS (Transazioni al secondo): Il numero di transazioni che una rete Blockchain è in grado di elaborare ogni secondo.

Volatilità: Quanto velocemente e quanto cambia il prezzo di un bene. Nella finanza, è il grado di variazione nel tempo di una serie di prezzi, misurata in base alla deviazione standard dei rendimenti logaritmici. Caratteristica di un titolo la cui quotazione oscilla violentemente

Whale (Balena): individuo o organizzazione che detiene una grande quantità di Bitcoin o altre Criptovalute, consentendo loro di avere un impatto sui mercati. Si parla di "balena" in quanto sono creature solitarie la cui attività ha un effetto sull'intero ecosistema. Si parla di balena delle Criptovalute quando possiede più del 5% di una data moneta.

Whitepaper: è una roadmap che stabilisce come funziona una Criptovaluta, cosa sta cercando di fare e le proiezioni di redditività del creatore. Il più famoso Whitepaper è stato scritto da Satoshi Nakamoto.

CONCLUSIONE

L'intento di questo libro è di redigere una guida sui molti argomenti connessi con le Criptovalute a la Blockchain: crittografia, nodi e blocchi, principali criptomonete, con particolare attenzione al Bitcoin, ed infine un'introduzione al trading.

Vuole essere uno spunto di partenza per coloro che stanno muovendo i primi passi nel mondo della Blockchain e delle valute digitali, per far loro capire che le criptomonete ed il Bitcoin fanno ormai parte della nostra realtà e che sempre più aziende stanno implementando la Blockchain al loro interno.

Dal ristorante, all'azienda in cui lavori, sentirai sempre più parlare di Blockchain. Ma non preoccuparti, perché ormai hai capito cosa sono le criptomonete, da dove vengono, come acquistarle e, soprattutto, come gestirle guadagnandoci.

Sai come aprire il tuo Wallet e renderlo sicuro, pronto ad accogliere le criptomonete che acquisterai e che ti trasferiranno durante gli scambi.

Hai imparato la differenza tra Blockchain e Bitcoin e come sfruttare al massimo questa moneta, semplicemente acquistandola oppure addirittura facendo trading da solo o con l'aiuto di broker o Exchange.

Grazie ai consigli di questo libro puoi affrontare il trading con più sicurezza, riuscendo a gestire gli investimenti sia nel breve che nel lungo periodo. E non dirai più di essere arrivato tardi perché Bitcoin e altre criptomoneta sono e saranno il futuro.

Criptovalute e Blockchain sono ancora giovani: tu cosa aspetti a tuffarti in questo mondo ??